财政学专业
综合实验教程

姚维保　等◎编著

Comprehensive Experimental
TEXTBOOK FOR
PUBLIC FINANCE

中国财经出版传媒集团

经济科学出版社
Economic Science Press

图书在版编目（CIP）数据

财政学专业综合实验教程／姚维保等编著．—北京：
经济科学出版社，2022.4
ISBN 978 - 7 - 5218 - 3534 - 2

Ⅰ．①财… Ⅱ．①姚… Ⅲ．①财政学 - 高等学校 -
教材 Ⅳ．①F810

中国版本图书馆 CIP 数据核字（2022）第 049372 号

责任编辑：赵　蕾
责任校对：王肖楠
责任印制：范　艳

财政学专业综合实验教程
姚维保　等◎编著
经济科学出版社出版、发行　新华书店经销
社址：北京市海淀区阜成路甲 28 号　邮编：100142
总编部电话：010 - 88191217　发行部电话：010 - 88191540
网址：www. esp. com. cn
电子邮件：esp@ esp. com. cn
天猫网店：经济科学出版社旗舰店
网址：http://jjkxcbs. tmall. com
北京季蜂印刷有限公司印装
787 × 1092　16 开　14 印张　235000 字
2022 年 4 月第 1 版　2022 年 4 月第 1 次印刷
ISBN 978 - 7 - 5218 - 3534 - 2　定价：56.00 元
（图书出现印装问题，本社负责调换。电话：010 - 88191510）
（版权所有　翻印必究　举报电话：010 - 88191586
电子邮箱：dbts@ esp. com. cn）

前言

　　财政学专业综合实验课一直是财政专业教学中相对薄弱的环节，特别是在财政业务实际工作当中，财政部门不断引入新的技术管理理念，采用先进的业务处理应用系统，较少能够快速地体现在财政学课堂当中，让学生有直观的认识或体会。各高校以财政运行的某个环节，应用不同的实验教学软件，进行了有限的实验课程教学与探索，而开展综合性、系统性、全面性的财政学专业实验课相对较少。因此，加强财政学实验课程教学的重要性不言而喻。

　　本书基于新中大公共财政管理系统，将财政学专业理论知识与财政运行实际有机结合，通过新中大公共财政管理软件各个模块的操作实验，把财政运行的各个环节浓缩在实验课程里，从而提高了学生对理论知识的理解、掌握和实际运用的能力。在实验课程的设计过程中，我们遵循渐次熟悉与运用结合的原则，按照专业培养目标设计课程内容，让学生对财政学专业知识有全面的把握。

　　新中大公共财政管理系统与当前我国财政治理以及新商科实验实践育人的目标相契合，我们希望借助于新中大公共财政管理系统，较好地体验新时代公共财政管理思想与业务流程，达到让学生"知技术、知专业、知应用"的学习效果。新中大公共财政管理系统以"金财工程"的建设标准为要求，以财政改革的方向为指导，结合了实际用户需求及实施经验。该应用系统立足于现代财政管理思想，为财政学专业本科实验教学和研究生学习提供了从日常业务到账套管理的全面解决方案。

　　本书系统设计了公共财政管理信息化的多个模块，包括部门预算编制子系统、财政资金支出子系统、政府采购系统、非税收入征收子系统、资产管理系统、工资管理系统等。在实践层面着重培养学生的系统操作能力、业务理解能力和专业知识的综合应用能力。

本书每章的内容结构如下。

第一，实验准备。每一个实验开始前，都对某个实验需要准备哪些内容，如理论知识准备、实验基础设置、实验流程提出了基本要求。

第二，实验目的与内容。每个实验开始前都对实验目的做出明确阐述，要求学生根据实验目的，按照实验内容的要求进行实验操作。

第三，实验流程。对某个实验模块的整个流程进行阐述，旨在让参与实验的学生从宏观上把握实验过程，了解整个实验的具体流程。

第四，实验案例数据。每章都提供实验数据以供学生进行实验操作，学生可根据实验资料进行重复熟练操作。

第五，实验操作指导。对每个模块的实验操作步骤进行详细的图文说明，直观地展示实际操作界面，包括一些操作过程中的注意事项。

全书由姚维保主持编写、统筹与定稿。本书的结构框架由广东财经大学财税专业实验教学系列教材丛书编委会共同讨论设计，由姚维保、庞磊、方莉君共同审定。本书第一、第二章由方莉君编著，第四、第六、第七、第八、第九章由姚维保编著，第三章由邝艳华编著，第五章由谢颖编著。初稿完成后，编委会多次讨论修改，数易其稿。

本书能够顺利完成，感谢经济与管理国家级实验教学示范中心（广东财经大学）、广东地方公共财政研究中心、广东财经大学财政税务学院的领导，以及财政系各位同仁的帮助与支持。同时也特别感谢新中大科技股份有限公司提供的大量实验教学案例。书中还参考了许多国内专家、学者的真知灼见，在此一并深表谢意！由于编者学识所限，书中难免存在不足及错误，恳请专家学者及广大读者批评指正。

编　者

2022 年 3 月

CONTENTS 目录

第一章

财政学综合实验环境

第一节　财政学实验教学的目的与要求

一、财政学实验教学任务和目的

（一）任务

财政学专业综合实验课的任务是让学生在学习财政学专业系列课程的基本理论、基本知识的同时，通过动手试验，了解财政学实际业务当中应用的相关软件，如预算管理软件、财政信息化办公软件、政府采购软件等，熟悉这些软件的基本操作流程以及通过数据进行前瞻性、科学性的分析。

通过财政学实验教学，激发学生对专业课程的学习兴趣，使其巩固、理解和运用所学的专业知识，并锻炼动手能力，熟悉实际工作中的基本业务流程，提高从专业角度分析财政问题和解决现实财政问题的能力。

（二）目的

1. 加强专业理论知识的理解与运用

在财政学专业理论课程课堂学习时，学生对预算编制、国库集中支付、工资管理、国有资产管理、政府采购等相关内容有了大体了解与认知，基本掌握了财政专业的基本概念、专业术语、业务流程。在实践教学环节，针对学生学习过的专业理论知识，通过综合运用、实验操作，逐步把课堂上学习的理论知识内化为基本的专业素养和专业业务能力，较早地与现实部门业务工作流程紧密对接。

2. 锻炼财政专业分工与财政业务合作能力

在实验环节，学生接受与运用专业知识的过程不再是个体行为，大多数实验需要团体合作，如部门预算编审实验就存在不同的业务人员角色，需要不同的学生承担相关的业务环节。通过团体合作性的实践，培养学生在实际工作中相互支持、相互协作的工作关系处理能力。

3. 提高财政业务数据的整理与分析能力

在实验结束后的实验报告撰写环节，学生不仅要掌握实验步骤的描述与实验结果的报告，还必须对某些实验得出的数据有一定的理解，如掌握分析与验证财政收支和相关经济变量之间的关系和变化规律，理解当前财政政策变化对民生和社会的重要影响，了解财政政策的发展趋势，并能够作出一定的前瞻性分析。

4. 对接社会应用型、创新型人才的需要

现代大学人才培养的目标之一，就是为地方经济建设和社会发展输送具有一定理论基础的高级应用型、创新型人才。学生在毕业之后，能够较快适应业务工作需要，缩短工作单位业务适应期，并且能够在业务工作中发挥专业特长，创新性地开展工作，增强财政业务工作活力，满足公共财政所需要的灵活思维。

二、财政学实验教学基本要求

（一）知识储备要求

通常情况下，学生都是在学习过相关专业课程的理论知识后，才进行实验操作的，但有些实验项目需要的是综合的理论知识，学生在缺少必需的知识准备的情况下，需要临时对实验中要用到的理论知识进行自学，避免因某点理论知识欠缺而导致实验效果不佳。

（二）实验环境要求

实验环境包括软硬件环境，软件环境是指有专门的实验教学教师与实验需要的相关软件，以及软件能够定期升级与维护；硬件环境则包括必要的计算机设备、投影仪、录音录像设备等。实验环境的好坏与学生投入实验的积极性有直接关系。此外，实验环境还包括学生能否保持安静的实验氛围。

（三）实验方式要求

实验方式是指按照实验项目的特点选择实验采取的方法，包括让学生单独进行实验与采取团体协作的方式。实验具体方式的选择，要根据实验内容的繁简而定。通常情况下，团体实验比较容易判断出个别学生在实验过程中是否存在"搭便车"的行为。

（四）动手能力要求

实验课程强调动手能力，对某个实验能否顺利进行，需要学生根据实验要求，按照实验目的，灵活运用所学的专业知识，反复地进行实验操作，熟悉软件操作流程。由于财经类实验课程主要借助计算机相关软件完成，在实验过程中，学生是否真正上机动手操作，完整的体验整个实验操作流程，存在着实验监督的问题。

第二节　新中大公共财政管理软件概述

新中大公共财政管理软件是新中大公司在接轨国家"金财工程"的基础上，根据国家建立现代公共财政要求而开发的系列软件产品，为各级财政部门和政府行业用户提供不同层次与要求的管理信息化解决方案，包括财政一体化、国库集中收付、乡财县管、零户统管、行业财务集中管理等解决方案。

新中大公共财政管理系统是基于面向服务的体系结构（service-oriented architecture，SOA）理念的柔性化技术平台，采用J2EE平台企业版（Java 2 Platform、Enterprise Edition，J2EE）标准实现互联网化应用架构开发，系统具有开放性好、针对性强的特点。新中大公共财政管理系统中的财政业务包括预算的编制、执行和决算等过程，包括多个应用系统，如预算编制、收入管理、资金管理、工资统发管理、政府采购管理、财务管理等。

新中大公共财政管理软件作为一个管理系统,各个子系统之间并非孤立的,而是相互之间有着紧密的联系。系统的构建包含资金流转的全过程,从预算编制、预算执行到最后的决算,以及系统内部数据的调用和对外部系统的数据传递,从业务处理到日常办公,形成了一个完整的流程,如图1-1所示。

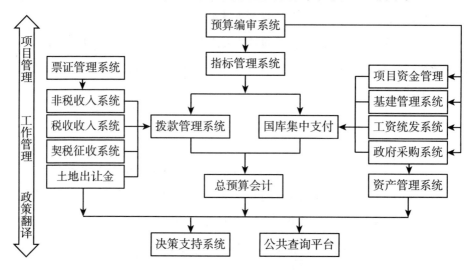

图1-1 新中大公共财政管理软件系统架构

第三节 新中大公共财政管理系统实验模块

新中大公共财政管理软件构建了一个统一的、全面集成的应用平台,它能够提供商务信息协同的、支持自适应调整要求的应用信息系统,能够对财政系统的资源进行统一监控和调度。该平台能够支持系统的统一安装和升级维护,能够实现统一的用户登录和权限管理,能够实现统一的数据共享和数据交互,能够支持系统应用的集成和业务流程的完整性。新中大公共财政管理系统主要包括13个模块。

一、工作管理平台模块

工作管理平台是新中大公共财政管理系统的统一门户平台,通过强大的工作流实现所有业务模块和财政内部办公功能的集成，用户可以通过此平台完成对系统的所有操作。模块提供了集中审批、智能预警、信息发布等功能。通过工作管理平台，系统真正实现对管理的充分集成，可以大大提高系统操作简便性和用户的工作效率。

二、项目管理模块

项目管理模块主要围绕各单位预算项目的申报、注册、维护、跟踪、监控、分析等各项工作，提供了一个所有预算项目管理的统一入口和平台，在启用该模块后，所有项目的申报注册全部由此完成，真正实现从源头管起，可以方便地实现以项目为主线的绩效考核分析。同时，项目管理模块把原本分离的基建管理模块完全纳入进来，提供了项目立项注册、滚动项目库、计划概算、合同管理、项目进度、工程结算、项目决算、绩效考核的项目全生命周期管理。

三、预算编制解决模块

预算编制解决模块是根据部门预算管理改革的要求，面向各级预算单位及预算管理部门，集预算数据编制、报送、汇总、审核、下达于一体的财政信息管理模块。该模块由两个子模块构成：预算编审系统和预算申报系统。前者具体测算、编制预算数据，并进行上报；后者接收上报预算信息，进行汇总审核，并最终下达预算指标。

四、指标管理模块

指标管理模块是财政预算管理工作中的重要内容，财政部门通过指标的分配，将财政年度总预算分解到业务科室和各预算单位，预算单位根据年度指标具体规划预算执行计划，预算指标是预算单位在预算年度内收支发生额度的标准，它可以有力地保证按计划执行预算。

五、拨款管理模块

拨款管理模块是财政预算执行过程中常用的一种资金管理模式，在预算指标、计划的控制下，根据预算单位的实际用款进度情况，由预算单位或业务科室提出预算拨款申请，在经过审批后，根据审批核定金额将资金直接拨付到单位账户。

六、国库集中支付模块

国库集中支付模块根据国库管理改革的整体要求，集指标管理、预算监控、集中支付管理、集中监控、集中查询、智能对账、实时清算于一体，充分考虑到现实的预算管理特点与国库集中支付的发展方向，结合"前瞻"与"实用"，实现国库资金管理的自动化和信息化。

七、总预算管理模块

总预算管理模块是针对财政资金直拨模式，即非国库集中支付管理模式而设计开发的，涵盖财政预算、资金划拨、总预算会计等业务范围，适用于各级财政预算科（处）、国库科（处）日常资金管理的专业化解决方案。

八、票证管理模块

票证管理模块是契税征收、非税收入、土地出让金管理的基本模块，是根据国家收费票据管理改革的要求，主要解决行政事业性收费、罚没收入、契税征收、土地出让等业务收费票据的申领、使用、核销情况的管理，实现收费、票据的统一管理。通过网络或专用的数据传递系统实现业务信息的同步，从而实现从票据领用到开票收款并最终结报核销的全过程监管，实时产生各种相关统计报表和数据。主要功能包括系统基础设置、票据管理、票据结报及统计查询等。

九、非税收入模块

非税收入模块是根据国家"收支两条线"改革的要求设计开发的，满足行政事业性收费和罚没收入实行"收支两条线"及"单位开票、银行代收、财政统管"管理要求的专业化财政管理解决方案。帮助客户实现从非税收入的票据管理、款项征缴、结报核销到会计核算、统计汇总全过程的一体化管理。

十、土地出让金管理模块

土地出让金是财政收入的一个重要来源，金额巨大，加强其征管可以有效防止国有资产流失。为加强国有土地使用权有偿出让收入征收管理，规范土地使用权出让行为，需要通过信息系统来加强此项资金的专项管理。新中大土地出让金管理模块就是针对财政土地出让金专项管理开发的，可以有效帮助财政局提高土地出让金管理的能力和效率。

十一、工资统发模块

工资统发模块是为财政统发工资管理量身定制的专业化系统，实现财政工资的编制、报送、审核、发放到财务核算的全过程一体化管理。既支持"统编统发"，也支持"单位编制、审核统发"，主要包括工资数据编制、数据汇总与集中管理、与银行接口三大部分功能。

十二、政府采购管理模块

政府采购管理模块是按照国家有关政府采购制度的相关法规，以采购计划（采购项目）为主线，采用流程化管理，实现对采购资金从资金拼盘到拨付及退补的全程管理和监控。同时，自动生成财务凭证和各种业务报表，满足各级财政部门对政府采购管理的需求。

十三、资产管理模块

资产管理模块以资产数据库为核心，围绕各单位的资产变动业务处理过程，实现上下级部门之间的业务协同，并能与后台的账务处理模块挂接，从而实现资产业务管理、卡片的编制、报送、审核到财务核算的全过程一体化管理。

第二章

实验软件的安装与准备

第一节 新中大公共财政实验软件的安装

新版本新中大公共财政管理软件（Gsoft）不需要执行加密驱动安装，直接插上加密锁就可以了。但升级用户必须全部卸载，卸载后再进行程序安装。由于新中大公共财政管理软件采用开放数据库互联技术，可用于各种类型的数据库系统中，针对各种数据规模，软件针对性地设计为三个版本：单用户版、工作组版和大型版。

单用户版、工作组版：作为部门级的专门解决方案，它采用微软公司提供的MSDE 数据，主要应用于对数据库、网络效率要求相对不太高的单位。

大型版：主要支持四种大型数据库，即 MS SQL Server、Sybase、Oracle、DB2，其数据库一般建立在专用的数据服务器上，数据库服务器（网络操作系统）可选用 LUNIX、Windows NT/2000/2003 或 Unix 等，该体系一般用于数据量较大、对数据库效率要求比较高的单位。

上述三种版本的软件功能完全一致，操作方法也基本相同，但对软件安装、日常维护、管理人员及操作人员却有完全不同的要求。

一、执行安装文件

打开新中大公司提供的软件安装盘，找到 SETUP. EXE 文件，双击打开（见图 2 - 1）。

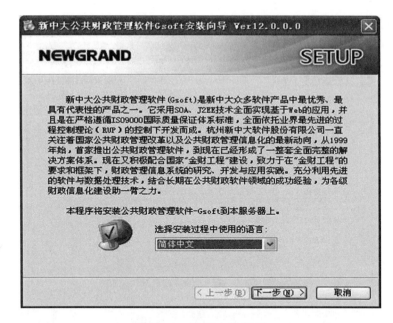

图 2 - 1　选择安装语言

选择接受协议条款（见图 2 - 2）。

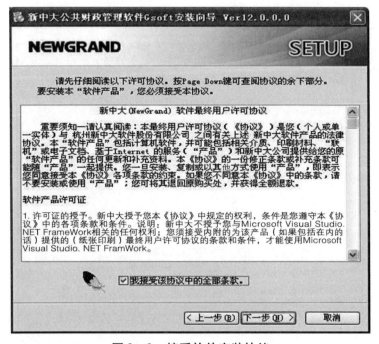

图 2 - 2　接受软件安装协议

选择版别（见图2－3）。

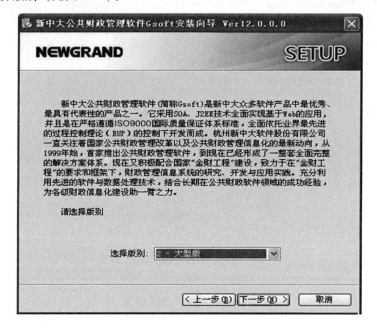

图2－3　选择软件版别

确定相应的安装目录（见图2－4）。

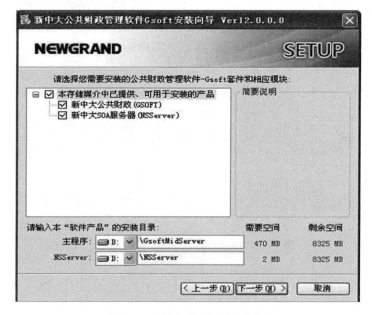

图2－4　选择软件安装路径

选择是否创建快捷方式（见图2-5）。

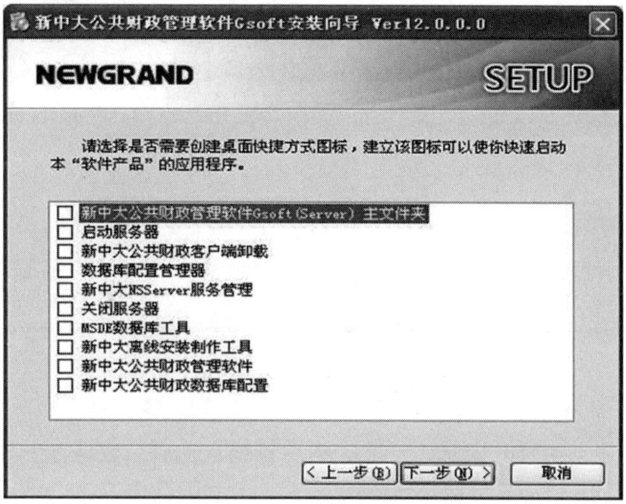

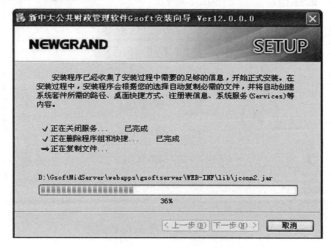

图2-5　创建桌面快捷方式

二、软件安装

软件自动安装 JDK 环境、加密验证、TOMCA 应用服务器、发布相应的 Gsoft 12.0 软件到应用服务器中，同时系统会自动完成 JAVA 路径的配置工作。如用户选择安装工作组版，系统还会提示是否需要安装 MSDE 数据库，如果选"是"，系统会自动完成 MSDE 数据库的安装（见图2-6）。

图2-6　执行软件安装

MSDE 数据库安装（见图 2 - 7）。

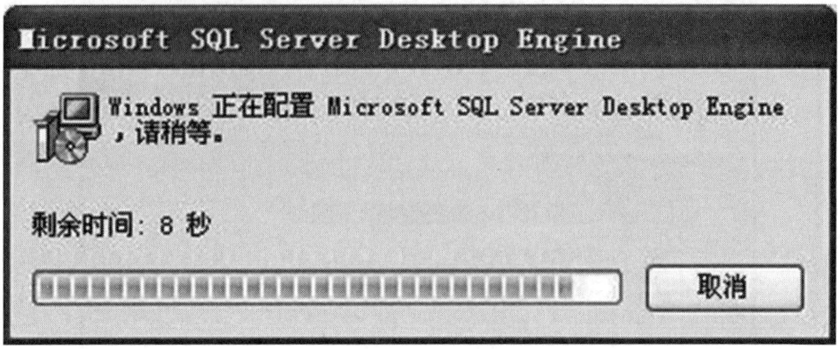

图 2 - 7　安装数据库

系统自动启动 MSDE 安装，安装完毕后系统自动启动数据库并建立 NG 实例，SA 密码为 12345。

创建/升级 PUBDATA。在安装完 MSDE 数据库并自动启动数据库服务或者不选择安装 MSDE 数据库后，系统会自动弹出创建/升级 PUBDATA 界面，用户必须先进行此步骤的操作（见图 2 - 8、图 2 - 9）。

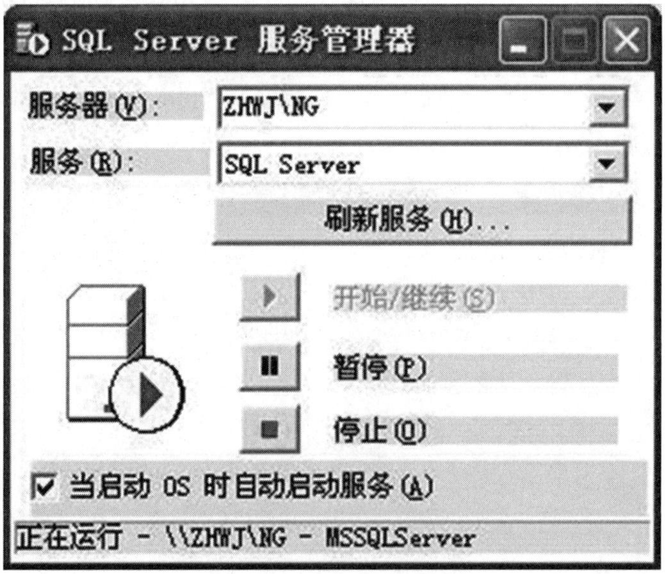

图 2 - 8　数据库服务自动启动

图 2 - 9　创建/升级数据库

创建/升级 PUBDATA 数据库。点击"下一步",系统将出现数据库连接配置,在此界面用户点击 ADO 配置后,根据用户所用的数据库进行相应的连接配置。需要注意的是,在应用 ADO 数据库配置前应确定已经在这台机器或者服务器上安装了相应的数据库或者数据库客户端,否则在数据驱动选择时将找不到相应的数据库驱动或者就算有驱动也不能使用。

三、MS SQL 7. 0 & SQL 2000 & SQL 2005 & MSDE 数据库

在服务器处输入或者选择要连接的 SQL SERVER 服务名,如图 2 - 10 中为 SQL SERVER 服务名为 127. 0. 0. 1。sa 口令处为 sa 的密码。

图 2 - 10　选择服务器

在服务器处输入或者选择你要连接的 ORACLE 数据库的服务名，如本示例中为 orzh。在用户名称处、密码处输入 ORACLE 数据库管理员的用户名、密码，如本示例中为 system、manager（见图 2 – 11）。

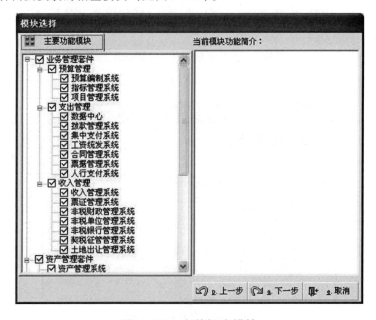

图 2 – 11　输入用户名及密码

选择需要安装的相应模块（见图 2 – 12）。

图 2 – 12　安装相应模块

选择数据表空间和临时表空间并输入容量确认，如果 PUBDATA 不存在，系统将会建立此服务并安装相应的模块信息（见图 2-13）。

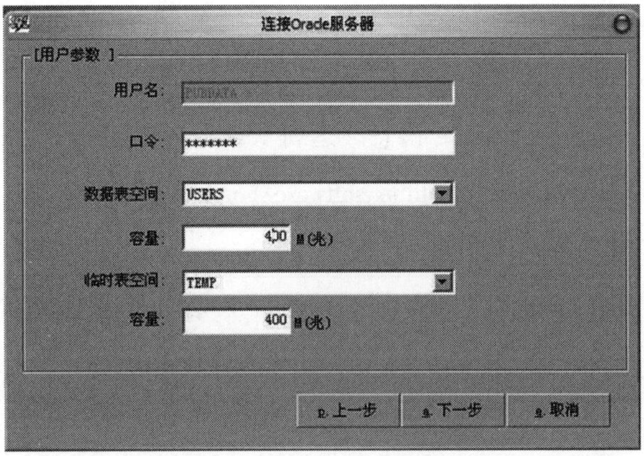

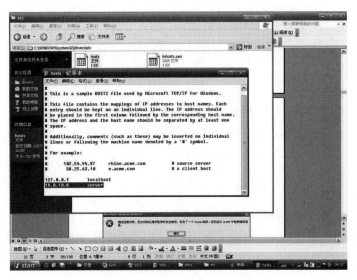

图 2-13　确认空间容量

注意：务必在允许保存密码选项处打钩；ORACLE 数据库服务端 SID 与 ORACLE 客户端服务名必须保持一致。

如果在配置过程中测试连接失败，出现 ORA-12514 错误，主要是服务器名解析不到位造成的，可以通过在 hosts 文件配置 IP 地址解决 ORACLE 服务名问题，如图 2-14 所示。

图 2-14　服务器名解析措施

如果在配置 ORACLE 数据库连接时出现如图 2 - 15 所示的错误，则表明机器的 ORACLE 数据库的 ADO 连接有问题，用户可以通过以下操作解决此问题。

（1）卸载 oracle 客户端。

（2）删除 oracle 目录。

（3）删除注册表中的 oracle 信息，运行 regedit；删除 hkey_current_user\software\oracle；删除 hkey_local_machine\software\oracle。

（4）重新安装 oracle 客户端。

（5）通过 ORACLE 提供的 net configuration assistant 配置本地 NET 服务。

图 2 - 15　数据连接失败

第二节　财政管理系统核算账套的建立

新中大公共财政管理软件安装完成后，首先要进行操作的模块是"核算单位管理"，在此建立"账套"，并可以修改账套中的年度信息，以及修改年度中的模块信息等。

建立一个核算单位，就是启用一本新的电子账簿。对于小型数据库如 Sybase SQL Anywhere 等，在每个会计年度进行年结时都会自动在 USERxx 下生成一个目录，如 2011、2012 等；对于大中型数据库，则是在指定的设备或数据库管理系统中建立一个数据库，如 USER012011、USER2012 等。每一个年度年结后，新年度的数据自动生成。账务处理进入下一年的账本。

该软件可为多个独立核算的单位进行财务核算，即"多账套处理"。核算单位管理就是专门为了实现与方便核算单位管理这一功能而专门制作的。通过本模块，每个核算单位可以选出已经安装在用户计算机中的其他功能模块，如账务、报表、工资等；任何一个核算单位要使用任何一个功能模块，都必须先在此进行注册，因为软件需要建立一些电子账簿所必需的基本内容，如所属行业、初始科目、财务主管等信息。

一、建立核算单位账套信息

核算单位账套信息基本规则包括以下几方面。

（1）账套号的命名，可以用 4 位数字代替，例如：0 加上三位流水号，0101、0102……

（2）账套名称命名，可以用 < 学号 + 姓名 + 账套号 >。

（3）建账行业：总预算。

（4）单位负责人：操作者本人姓名。

（5）财务主管：指导老师姓名。

（6）建账日期：2021.01.01。

（7）选择使用模块：要求全选。

使用模块包括：数据中心、预算编制系统、指标管理系统、票据管理系统、收入管理系统、票证管理系统、拨款管理系统、国库集中支付系统、集中结算系统、工资统发管理系统、资产管理系统、资金管理系统等。

二、实验操作指导

（一）登录操作平台，进入核算单位模块

点击桌面快捷方式"新中大公共财政管理软件 Gsoft"系统图标，如图 2 – 16 所示，登录新中大公共财政管理软件，进入图 2 – 17 所示界面。

图 2 – 16　桌面快捷方式

图 2-17　软件登录

　　在用户编码对应栏选择或输入：0000（系统管理员），然后在密码对应栏输入密码：123456（初始密码），然后点"确定"，出现如图 2-18 所示窗口。

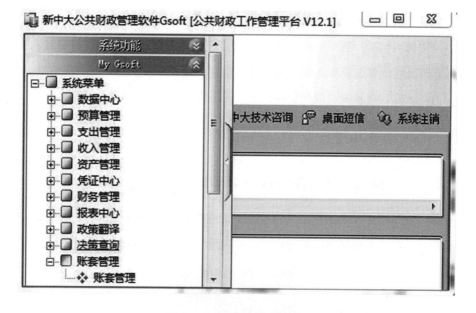

图 2-18　软件管理平台

　　在图 2-18 左侧窗口点击"My Gsoft"→"账套管理"→"账套管理"，进入如图 2-19 所示的"账套管理"窗口。

图 2 – 19　账套管理

（二）建立核算单位账套

在图 2 – 19 所示界面，点击"账套功能"→"新建账套"，弹出如图 2 – 20 所示对话框。

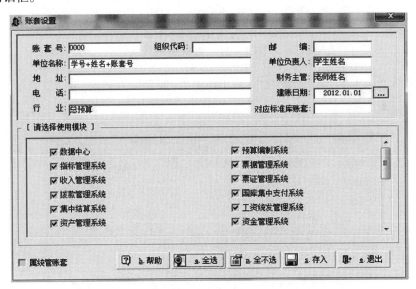

图 2 – 20　账套设置

在图 2 – 20 中，根据建账信息基本规则内容，分别输入或选择，然后点击"存入"，系统将按建账信息自动生成对应的数据库。后台数据库端生成的数据库名称规则为：user＜账套号＞＜年度＞。例如，账套号为 0031 的 2021 年度后台数据库名称是：user00312021。

（三）制订集中备份方案

集中数据备份开始前请先在桌面建立相应备份文件夹，命名建议（账套号＋姓名＋学号）。例如，账套号为0000，姓名刘明，学号1025，备份文件名称可为0000刘明1025。

在图2-19界面，点击"备份/恢复"→"集中备份"，弹出如图2-21所示对话框。

图2-21　账套备份

在图2-21中，点击"增加"，弹出如图2-22所示对话框，进入"新增方案"界面。

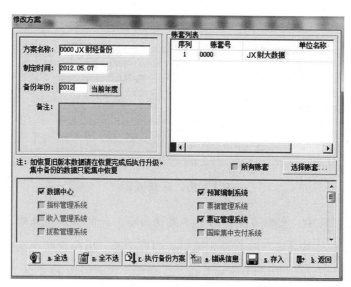

图2-22　新增备份账套

在方案名称对应框内，输入方案名称（建议输入"账套号＋姓名＋学号"，方便辨认自己的备份账套），备份年份输入2021，把所有账套前的☑给去掉，然后点击"选择账套"，弹出如图2－23所示对话框，从"未选入"窗口中选择需要备份的账套，然后点击 ❯ 将备份账套选入"已选入"窗口，并点击"确认"。

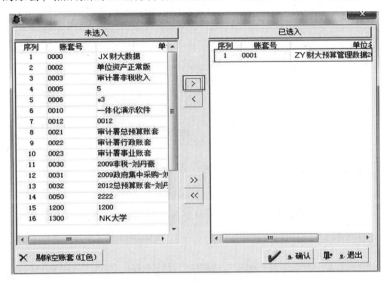

图2－23 备份账套选择

选择完毕后，点击图2－22中的"执行备份方案"按钮，系统弹出如图2－24所示对话框，点击"继续"。

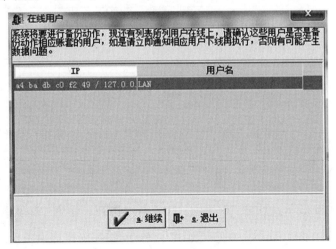

图2－24 在线用户

弹出如图2-25所示的备份路径对话框，点击"浏览"选择备份前新建文件夹，然后点击"确认"，直至系统弹出提示窗口"备份完成"。

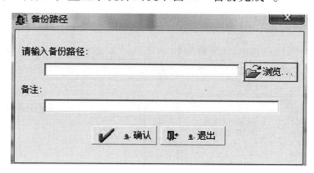

图2-25 备份路径

（四）集中恢复软件操作

在图2-19所示对话框，点击"备份/恢复"→"集中恢复"，弹出如图2-26所示窗口。

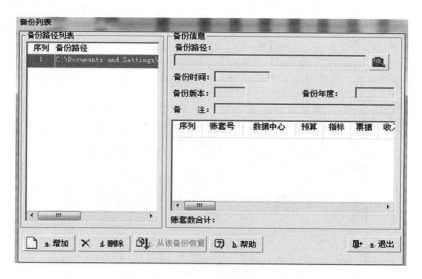

图2-26 备份列表

如图2-26所示，点击"增加"，选中新增序列，弹出"备份路径为空！"（见图2-27）的错误提示，点击"确定"并点击 按钮选择备份路径，此时"从该备份中恢复"按钮将可以使用，点击该按钮。

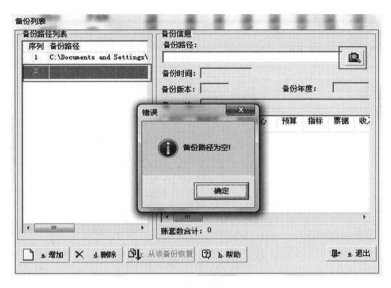

图 2-27 提示备份路径

在弹出的新窗口（见图 2-28）中分别选择备份账套和对应目标账套，点击"选择"。弹出如图 2-29 所示对话框，在未选入窗口中选中备份账套，点击 ▷ 将备份账套推送至已选入窗口，点击"确认"保存结果。对应目标账套列表操作相同，注意将需要恢复的账套选中才可以。

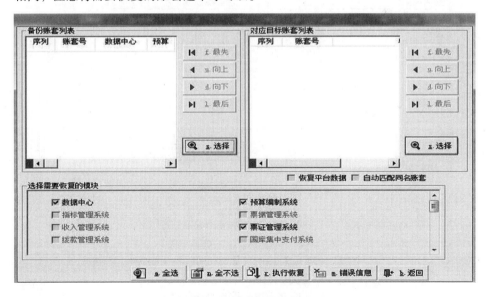

图 2-28 选择备份路径

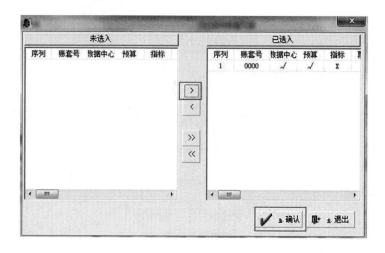

图2-29　确认备份路径

在选择完备份账套和对应目标账套后，在弹出的如图2-30所示的界面中点击"执行恢复"按钮，然后点击图2-31所示对话框中的"继续"按钮。直至显示"恢复完成！"。

注意：中间过程不可终止。

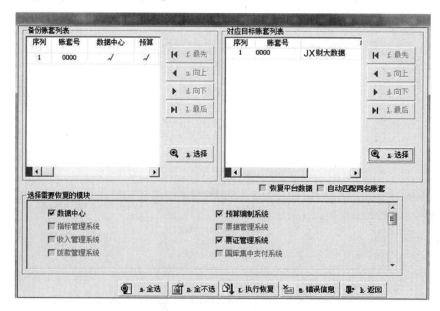

图2-30　账套恢复

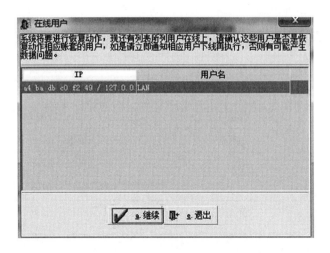

图 2-31　在线用户列表

第三节　系统操作员定义及权限分配

一、系统操作员定义

操作员管理的主要功能是在本系统中设置操作人员，并对每个操作人员的操作权限进行规定设置。执行权限管理的角色为系统管理员。

建立相应的核算账套之后，操作员名单及权限分配已经整理完毕，下一步就要求按照整理好的操作员权限分配表，把操作员名单、操作员编码和相关权限在系统内定义。

财政管理工作是由不同角色来承担的。新中大公共财政管理软件按照财政业务的不同，设置了不同的角色。操作员名单及权限分配如表 2-1 所示。

表 2-1　　　　　　　　　操作员名单及权限分配

操作员编码	操作员姓名	模块权限
CGY001	刘明	采购、报表
GKK001	王娟	指标、拨款、国库、采购、报表、资产
GKK002	张玉	指标、拨款、国库、采购、报表、资产

续表

操作员编码	操作员姓名	模块权限
GKK003	肖雪	资产、报表
GKK004	李猛	指标、拨款、国库、采购、报表、资产
GZTF01	孙新	工资统发
YSK001	陈洋	预算、报表
YSK003	何花	预算、报表
YSK004	江水	预算、报表
PZY001	黄光	非税、报表
PZY002	肖克	非税、报表
FSGAJ1	谢含	非税、报表

二、系统操作员数据录入

在平台界面点击"系统功能"→"操作员管理"，系统进入操作员列表窗口，如图 2 - 32 所示。

图 2 - 32　操作员列表

在图 2 - 32 窗口，点击"增加"按钮出现如图 2 - 33 所示对话框。

在图 2 - 33 所示对话框，按照操作员名单及权限，输入相应的用户编码、用户名，选择相应的模块和账套。

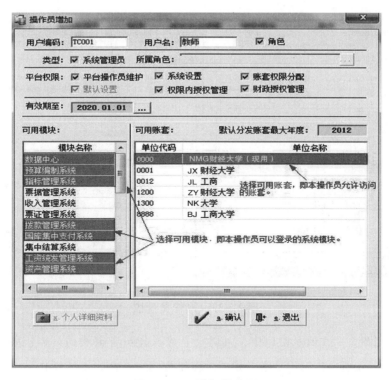

图 2-33 增加操作员

三、操作员权限的分配

操作员登记完毕后，开始对操作员权限进行分配。在如图 2-32 所示的窗口中选择相应操作员，然后点击"业务授权"按钮，然后在如图 2-34 所示的对话框中选择相应的账套，点击"确认"进入具体账套的各个模块授权界面，如图 2-35 所示。

图 2-34 年度和账套选择

图 2 - 35　操作员授权

在如图 2 - 35 所示窗口中，可以定义该操作员各模块的具体权限，按照表 2 - 1，分别为各操作员指定相应的模块权限。至此，系统操作员定义及权限分配实验步骤全部完成。

第三章

财政预算编审实验

第一节　预算编审系统业务处理总流程

一、财政预算编审流程

财政预算系统业务处理总流程（以下简称"总流程"）按照"两上两下"的编制程序进行，即各预算单位编报预算建议数，财政部门再结合初步测算的本级财力，核定部门预算编报限额，下达预算控制数给各部门，修改部门预算文本，形成的预算草案构成了人大审批的基础。

我国"两上两下"财政预算编审流程如表 3-1 所示。

表 3-1　　　　　　　　　我国"两上两下"财政预算流程

时　间	内　容
3 月	布置预算编制阶段。财政部门部署下年度预算编制具体工作，向本级各部门预算编制部门收支预算建议计划的通知
7 月至 8 月上旬	编制预算建议计划阶段。各部门逐级审核汇总所属单位报送的相关资料，按要求汇总编制部门基础资料，汇总编制部门年度收支预算建议计划。部门通过预算网络和书面形式分别向财政部门报送预算编制基础资料、部门收支预算建议计划，即"一上"

续表

时　间	内　容
8月底至9月	财政审核阶段。审核汇总部门上报的收支预算建议计划，同其他具有预算分配权的机构研究确定部门支出限额，对部门预算建议计划提出初步审核意见，并向部门下达支出限额，要求各个部门在控制数内重新编制部门预算，即"一下"
10月至全国人民代表大会会期	各部门编制预算草案。各部门根据财政部门下达的部门预算文本格式和支出限额，调整收支预算建议计划，然后报送财政部门。财政部门审查各个部门的预算并汇总编制财政预算，再次修改后报送全国人民代表大会常务委员会初审，最终形成预算草案提交全国人民代表大会审议通过，即"二上"
全国人民代表大会审查通过30天内	批复预算阶段，即"二下"

二、单位预算编制流程

单位包括政府各一级部门及其所属基层单位、二级单位。

在财政管理系统中，单位要首先编制预算建议数，系统称为一次编制。单位还要根据财政业务部门或上级单位下达的预算额度编制二次预算（即调整预算）。一次编制流程与二次编制流程相同，具体如图3-1所示。

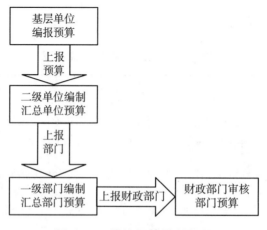

图3-1　单位预算编制流程

第二节 "一上一下"阶段实验

预算编制包括"两上两下"过程。"一上"阶段包括：一次申报，即从预算单位上报基础数据、支出收入预算的申报；一次下达，即由财政专管员对各预算单位上报的数据进行审核并下达控制数等。

一、实验准备

财务预算管理部门已经对全年的预算基础工作做好准备，包括项目类型、基础数据、定额标准等已经配置完毕，预算编审系统初始化准备工作已经确认完毕。

预算单位申报人员按照预算管理部门统一制定的并要求上报的预算信息，开始进行一次申报工作。

二、实验目的及要求

（1）掌握部门预算编制业务"一上一下"的流程。

（2）掌握新中大公共财政管理系统（以下简称"新中大"）部门预算编审系统操作方法。

（3）理解业务流程中各个岗位之间的传递关系。

三、实验内容

（1）对系统的"一上"编制的各个环节，都能按照该类型业务操作流程进行操作。

（2）"一上"编制过程中不同操作员在各个模块的操作处理。

四、系统流程

（1）预算单位根据预算编制规则，导入财政部门下发的基础数据、定额数据。

（2）预算编制单位根据基础数据、定额数据编制初步收入预算建议数、支出预算建议数，经过单位主管人员审核后，再层层上传给财政部门（上报预算建议数）。

（3）财政部门各主管科室审核单位预算建议数，下达预算控制数，并下传（下达预算控制数）。

（4）各预算编制单位在控制范围内编制正式预算，并层层上传给预算管理部门（上报预算正式数）。

（5）财政部门各主管科室审核各部门预算，通过地方人大批准各单位各项预算，并将批复数回传给各单位（下达预算正式数）。

具体如图 3-2 所示。

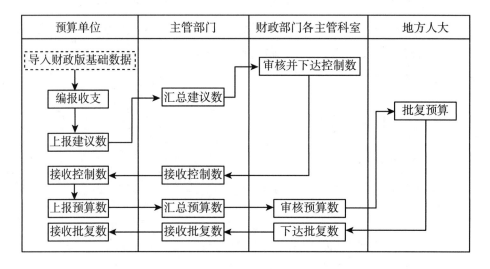

预算单位	主管部门	财政部门各主管科室	地方人大
导入财政版基础数据		审核并下达控制数	
编报收支	汇总建议数		批复预算
上报建议数			
接收控制数	接收控制数		
上报预算数	汇总预算数	审核预算数	
接收批复数	接收批复数	下达批复数	

图 3-2　预算编制系统流程

五、实验案例数据

某商业局（本部）下年预算数据如下，请按要求编制其下年度部门预算。

（一）单位基本情况

1. 行政单位编制

（1）干部人员。四套班子正职 4 人；担任部门正职的正处级人员 10 人；担任部门副职的副处级干部 20 人，科员 36 人，办事员 25 人。

（2）事业单位编制。预算内事业编制干部 28 人。

（3）离休人员。正局级 3 人，副局级 6 人，正处级 5 人，副处级 10 人。

2. 该局本部资产情况

（1）机动车占有情况。特种预算内小轿车 15 辆，一般小轿车 20 辆。

（2）中型客车。特种预算内中型客车 5 辆，一般预算内中型客车 2 辆。

3. 一般设备情况

台式机 32 台，笔记本 16 台，复印机 10 台，打印机 20 台，空调 10 台。

4. 享受通信费人员

正局级 4 人，副局级 8 人，正处级 5 人，副处级 10 人。

基础数据列表对窗口如图 3 - 3 所示。

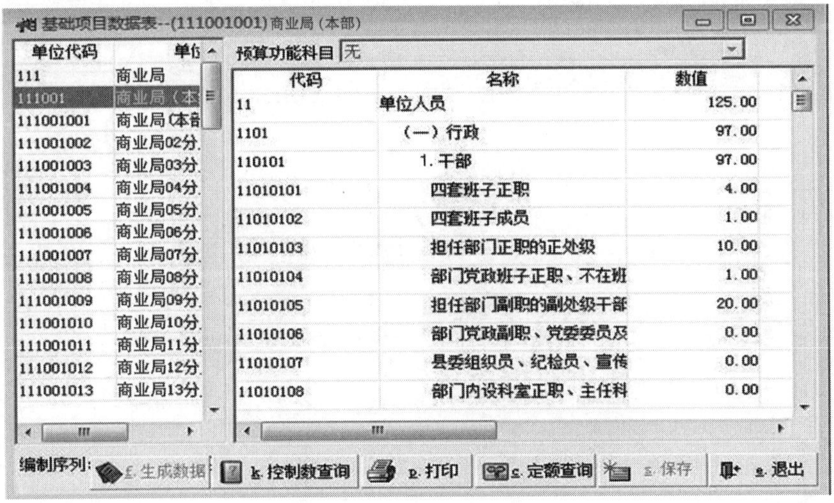

图 3 - 3　基础数据列表

（二）支出预算编制

采购依维柯工作用车 10 辆，本次采购不纳入政府采购程序（单价 20 万元）。

本单位需要增加办公用小轿车 20 辆，品牌为北京现代索纳塔（单价 15 万元），本次采购需要纳入政府采购。

专项支出采购，采购 HP 打印机 30 台，需要纳入政府采购程序（单价 3000 元）。

（三）收入预算编制

本单位在 2013 年度计划预算外行政事业收费——车辆管理费 200 万元。财政部门在预算编制的审核过程中，不对商业局本部的 2012 年的预算做删减调整。

六、实验操作指导

（一）由预算科 YSK001 操作员确认进度

系统登录后，首先以 YSK001 陈洋的身份进入新中大系统，选择"系统菜单"→"预算管理"→"预算编制"进入软件的预算编制系统。

选择"基础设置"→"初始化完成"，弹出"初始化已经完成"对话框（见图 3 - 4），单击"确认"按钮。

图 3 - 4　初始化

选择"系统管理"→"编制进度"→"进度确认"，在如图 3 - 5 所示的窗口点击"保存"，以保证编辑序列为"一上编制"，然后界面自动关闭，预算单位可以进行预算申报操作。

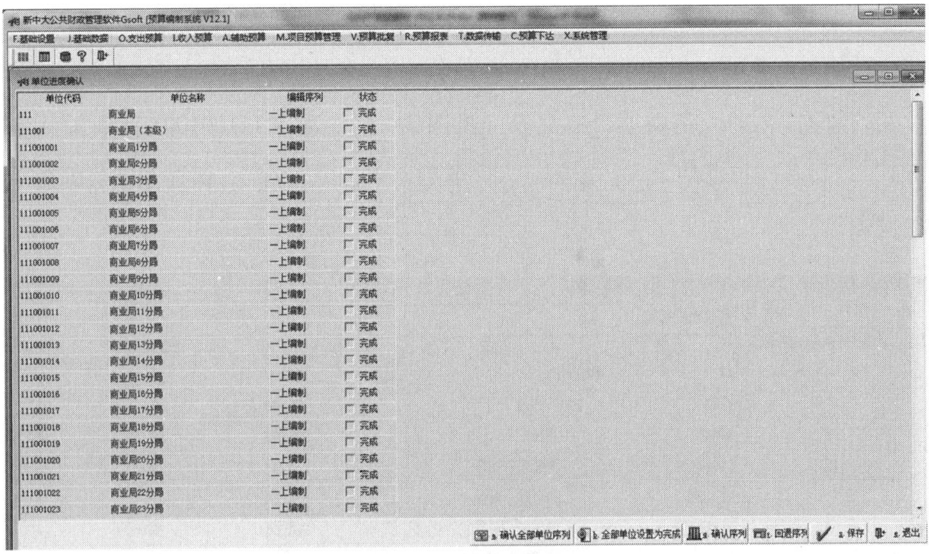

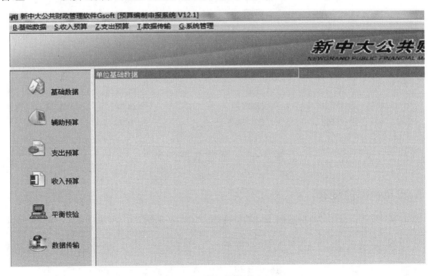

图 3 - 5 进度确认

(二) 一次上报部门预算数据

1. 登录系统

系统登录后，以 YSK004 江水身份进入新中大系统。选择"系统菜单"→"预算管理"→"预算编制"进入预算编制申报系统（见图 3 - 6）。

图 3 - 6 预算编制申报

2. 基础数据的录入

在界面的左列图标菜单中选择"基础数据",在右边的工作区域中点击"单位基础数据",进入基础项目数据表(见图 3 - 7),对"111001001 商业局(本部)"进行基础数据的录入。数据录入完成后,单击"保存",保存基础数据后单击"退出"。

基础项目数据表--(111001001) 商业局(本部)

单位代码	单位名		预算功能科目 无		
11001001	商业局(本部)	**代码**	**名称**	**数值**	**功能科目**	
		11	单位人员	123.00	无	
		1101	(一)行政	95.00	无	人
		110101	1. 干部	95.00	无	人
		11010101	四套班子正职	4.00	无	人
		11010102	四套班子成员	0.00	无	人
		11010103	担任部门正职的正处级	10.00	无	人
		11010104	部门党政班子正职、不在班	0.00	无	人
		11010105	担任部门副职的副处级干部	20.00	无	人
		11010106	部门党政副职、党委委员及	0.00	无	人
		11010107	县委组织员、纪检员、宣传	0.00	无	人
		11010108	部门内设科室正职、主任科	0.00	无	人
		11010109	部门内设科室副职、副主任	0.00	无	人
		11010110	科员	36.00	无	人
		11010111	办事员	25.00	无	人
		11010112	见习期人员	0.00	无	人
		110102	2. 工人	0.00	无	人
		11010201	预算内	0.00	无	
		11010202	预算内收费	0.00	无	
		11010203	预算外	0.00	无	
		11010204	基金预算收入	0.00	无	
		1102	(二)事业	28.00	无	人
		110201	1. 干部	28.00	无	人
		11020101	预算内	28.00	无	
		11020102	预算内收费	0.00	无	

图 3 - 7 基础数据列表

3. 支出预算的编制

(1)在图 3 - 6 的左列图标菜单中选择"支出预算",在右边的工作区域中点击"支出预算录入表",进入支出预算界面(见图 3 - 8),进行支出预算编制。

注意: 录入界面中 * 表示项目支出,没有 * 表示基本支出。

图 3 - 8　支出预算

HP 打印机项目采购。

采购 HP 打印机 30 台，属于专项支出采购，需要纳入政府采购程序。打印机单价 3000 元，使用预算内资金 60000 元，预算外收费 30000 元，合计预算金额 90000 元。

选择"办公设备购置"栏下的"一次性支出"，单击菜单栏中的"增加"，出现如图 3 -9 所示的对话框，按要求进行各种数据的录入。数据录入完毕后，单击"确认"。

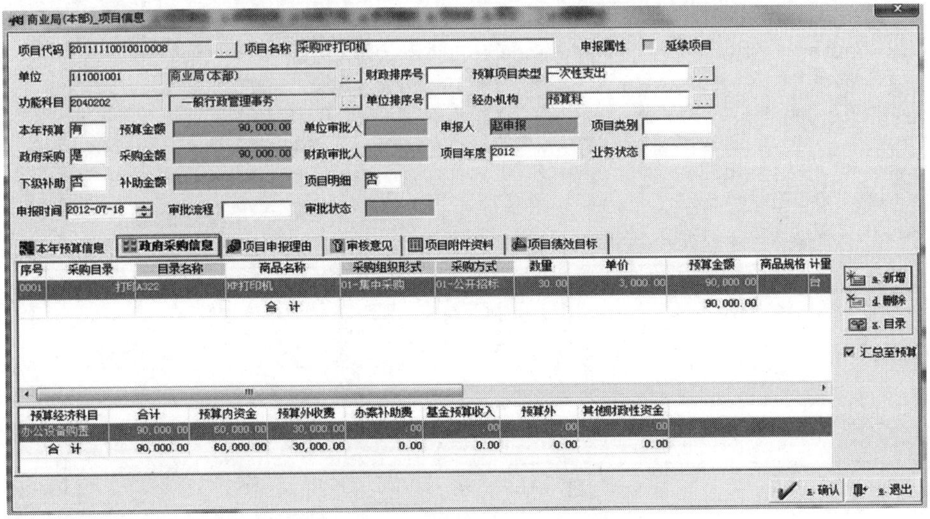

图 3 -9　HP 打印机项目采购

HP 打印机项目采购录入过程。

点击"项目代码"旁 …… 按钮，系统弹出"单位选择"窗口，点击"自动生成"按钮，完成项目代码自动生成工作。

输入项目名称：采购 HP 打印机；功能科目：2040202，一般行政管理事务；经办机构：999001999，预算科。

政府采购选择"是"，点击"政府采购信息"出现新窗口，点击"新增"，在弹出的"采购目录选择"中选择 A322 打印机，输入商品名称"HP 打印机"。

采购组织形式：01 – 集中采购；采购方式：01 – 公开招标；数量：30；单价：3000 元；计量单位：台；预算内资金：60000 元；预算外收费：30000 元。

点击"确认"保存退出。

南京依维柯工作用车采购。

采购南京依维柯工作用车 10 辆，本次采购不纳入政府采购程序。分别使用预算内资金 1000000 元，预算内收费 500000 元，工作补助费 500000 元（单价 200000 元）。

选择"专用设备购置"栏下的"一次性支出"，单击菜单栏中的"增加"，出现如图 3 – 10 所示的界面，按要求进行各种数据的录入。待数据录入完毕后，单击"确认"。

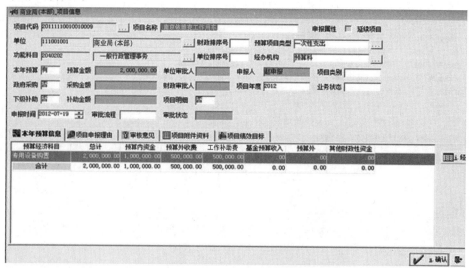

图 3 – 10　南京依维柯工作用车采购

南京依维柯工作用车录入过程。

点击"项目代码"旁 ... 按钮,系统弹出"单位选择"窗口,点击"自动生成"按钮,完成项目代码自动生成工作。

输入项目名称:南京依维柯工作用车;功能科目:2040202,一般行政管理事务;经办机构:预算科;预算内资金:1000000元;预算外收费:500000元;工作补助费:500000元。

点击"确认"保存退出。

北京现代索纳塔采购。

增加办公用小轿车20辆,品牌为北京现代索纳塔,价格150000元,本次采购需要纳入政府采购,其中使用预算内资金2000000元,预算外收费500000元,办案补助费500000元。

选择"交通工具购置"栏下的"一次性支出",单击菜单栏中的"增加",出现如图3-11所示的对话框,按要求进行各种数据的录入。待数据录入完毕后,单击"确认"。

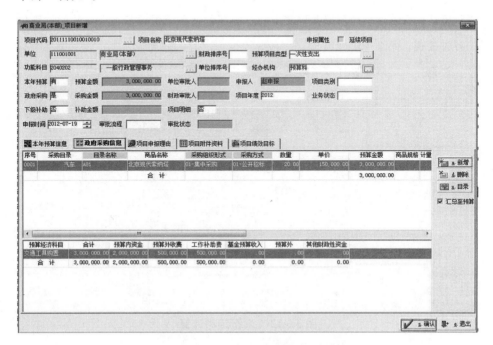

图3-11 北京现代索纳塔采购

北京现代索纳塔采购录入过程。

点击"项目代码"旁 ⋯ 按钮，系统弹出"单位选择"窗口，点击"自动生成"按钮，完成项目代码自动生成工作。

输入项目名称：北京现代索纳塔；功能科目：2040202，一般行政管理事务；经办机构：预算科。

政府采购选择"是"，点击"政府采购信息"出现新窗口，点击"新增"，在弹出的"采购目录选择"中选择 A81 汽车，输入商品名称"北京现代索纳塔"。

采购组织形式：01 - 集中采购；采购方式：01 - 公开招标；数量：20；单价：150000 元；计量单位：台；预算内资金 2000000 元，预算外收费 500000 元，办案补助费 500000 元。

点击"确认"保存退出。

（2）在预算编制申报系统界面第一栏的菜单中选择"支出预算"→"重新定额计算"，在弹出的"预算部门选择"对话框中单击"确认"按钮，系统自动进行支出预算的数据汇总，计算完成后出现"计算完成"对话框（见图 3 - 12），进行确认后系统汇总计算出各种支出的总额（包括系统根据基本人员数额计算出的各种福利、保险费用支出）。

注意：无定额数据可以省略上述步骤。

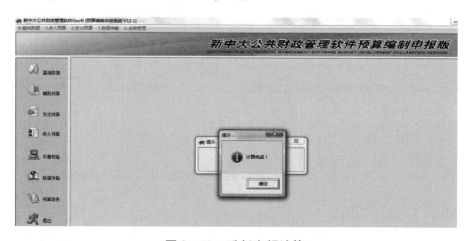

图 3 - 12　重新定额计算

4. 收入预算的编制

在界面的左列图标菜单中选择"收入预算",在右边的工作区域中点击"收入预算录入表",进入收入预算录入表,进行收入预算编制(见图3-13)。

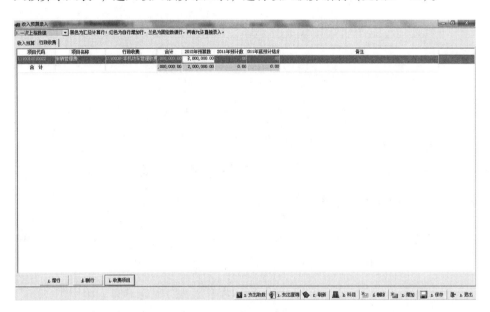

图3-13 收入预算录入

本单位在2013年度计划预算外行政事业收费——车辆管理费2000000元。选择"预算外行政事业性收费"科目,在界面右下角中点击"增加"按钮,在主表中的"预算外行政事业性收费"下增加一栏"1110010010022(项目代码)新增项目",其中项目代码以红色显示。点击"1110010010022(项目名称)"将其更改为"车辆管理费",单击表头的"行政收费"选项卡,单击该界面左下角的"增行"按钮,在弹出的"行政收费项目"对话框中选择"非机动车管理收费",并进行确认。最后在"2013预算数"栏下输入"2000000",并点击"保存"。

点击"支出取数"按钮,将预算内支出自动填充到相应收入,表示收入预算对应的支出预算的取值,然后点击"保存"。

5. "一上"完成状态确认。

在选择菜单点击"系统管理"→"进度确认"(见图3-14),选中相应的预算单位,勾选状态"完成",然后点击"保存"。

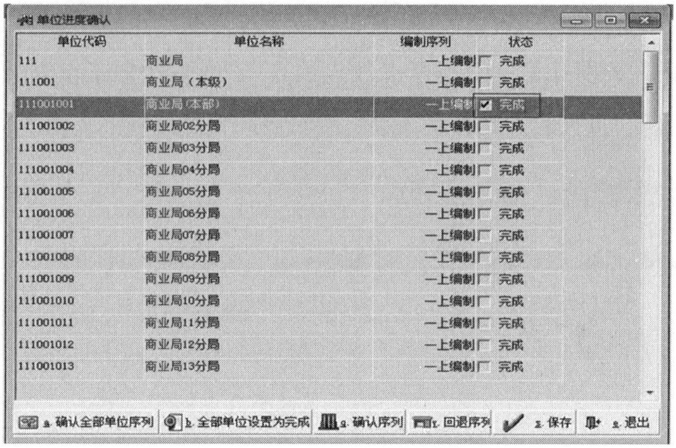

图 3 – 14　单位进度确认

（三）由操作员 YSK001 再次确认进度

系统登录后，以 YSK001 陈洋身份进入新中大系统。选择"系统菜单"→"预算管理"→"预算编制"，进入软件的预算编制系统。

在选择菜单点击"系统管理"→"编制进度"→"进度确认"，选中相应的预算单位，单击右下角的"确认序列"按钮，编制序列由"一上编制"转为"一下编制"，最后单击"保存"按钮，如图 3 – 15 所示。

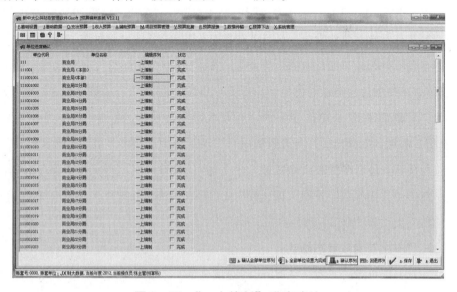

图 3 – 15　"一上编制"进度确认

（四）审核部门"一上"数据

系统登录后，以 YSK003 何花身份进入新中大系统。选择"系统菜单"→"预算管理"→"预算编制"，进入软件的预算编制系统。

在"基础数据"下拉菜单中选择"基础数据一上审核数"，弹出"基础项目数据审核表——111001001 商业局（本部）"窗口（见图 3-16），在左边的列表中选择单位名称"商业局（本部）"，再单击表右下角的"生成预算审核数"按钮，出现商业局部门预算的基础数据表，何花对其进行审核。审核无误后，单击"保存"。

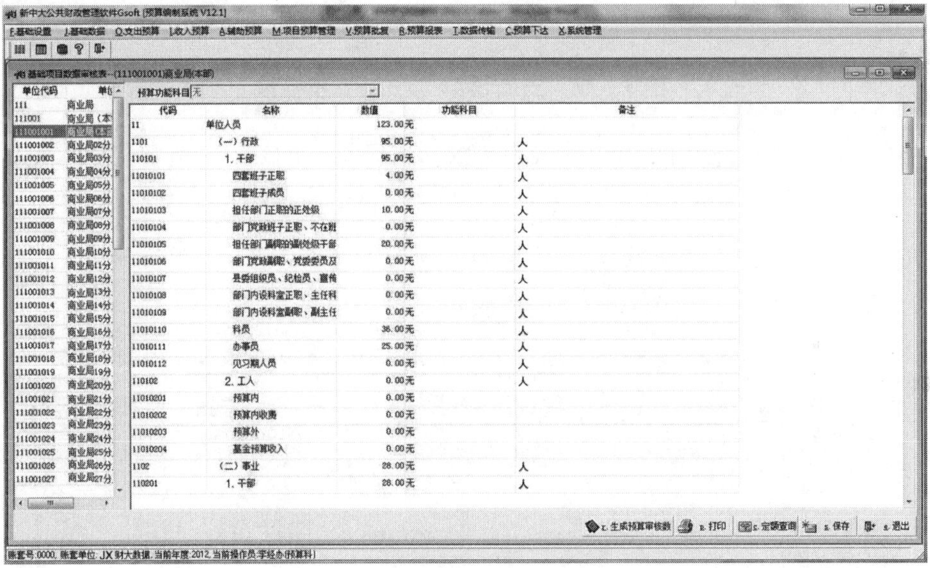

图 3-16 基础数据"一上"审核数

在"支出预算"下拉菜单中选择"支出预算一上审核数"，弹出"支出预算审核数"窗口（见图 3-17）。在界面的左列部门树中选择"商业局（本部）"，再单击左上角的"数据源"，生成商业局的支出预算表。审核无误后，选择"审批"→"全部项目审核"，最后单击"存入"按钮。

注意：如果数据已经生成无误，可以不用点击"数据源"生成。

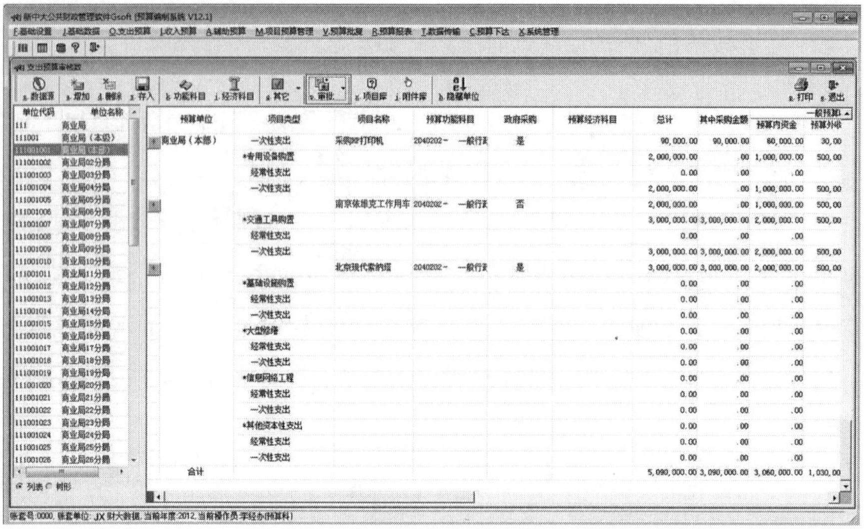

图 3-17 支出预算 "一上" 审核数

在 "收入预算" 下拉菜单中选择 "收入预算一上审核数", 弹出 "收入预算控制" 窗口 (见图 3-18)。在界面的左列部门树中选择 "商业局 (本部)", 再单击右下角的 "生成审核数", 生成商业局的支出预算表。审核无误后, 选择 "审核"—"审核", 最后单击 "保存" 按钮。

注意: 如果数据已经生成无误, 可以不用点击 "生成审核数" 生成。

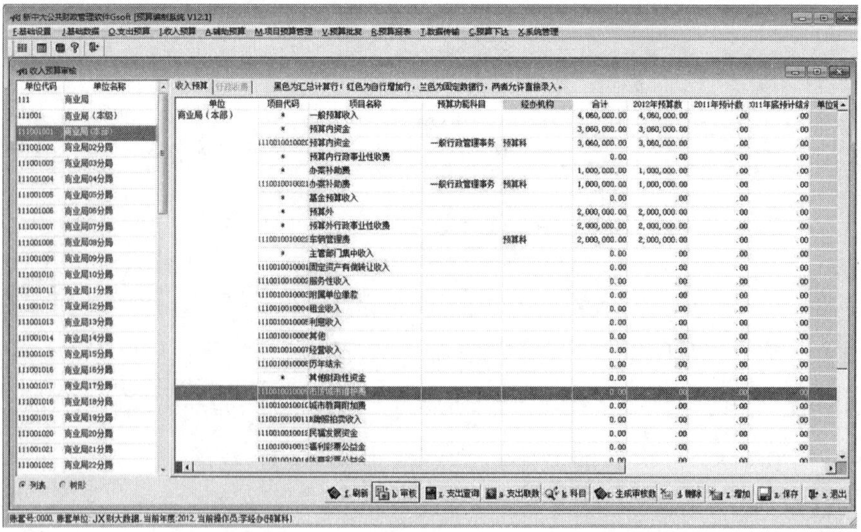

图 3-18 收入预算 "一上" 审核数

(五) 审核下达控制数

系统登录后，以 YSK001 陈洋身份进入新中大系统。选择"系统菜单"→"预算管理"→"预算编制"进入软件的预算编制系统。

在"支出预算"下拉菜单中选择"支出预算控制数"，弹出"支出预算——111001001 商业局（本部）"（见图 3 - 19），在左边的列表中选择单位名称"商业局（本部）"，再单击表左上角的"数据源"按钮，出现商业局部门预算的支出预算表，陈洋对其进行审核。审核无误后，单击"存入"。

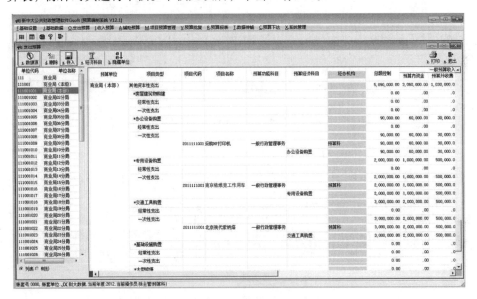

图 3 - 19　支出预算控制数

为预算单位的预算控制数生成之后，还需要进一步将预算支出控制数变成预算支出下达数。单击菜单栏"支出预算"，在下级菜单中选择"支出预算控制数"，进入图 3 - 20 所示窗口，选中右边窗口的某一级某一下达控制数直接修改，再按住鼠标右键选择"下达控制"，此时数字就会变成红字，说明针对此处的控制数已下达完毕。

"下达控制"存入后的预算控制数才可以参与"控制数据审核"。

在预算单位（部门）上报来的通过审核的收入预算建议数基础上，财政预算管理部门对各预算单位收入预算数据进行编制，从而形成单位预算收入控制数。

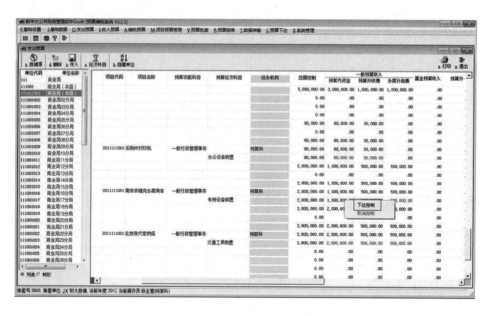

图 3 - 20   下达支出控制数

当进行单位预算收入的控制操作时，单击菜单栏"收入预算"，在下级菜单中选择"收入预算控制数"，出现单位收入预算控制窗口（见图 3 - 21）。

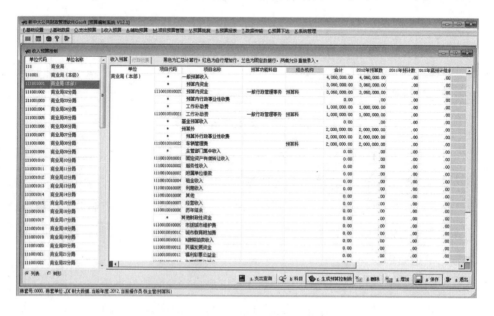

图 3 - 21   单位预算收入控制

从左边单位列表选择预算单位，然后点击"生成预算控制数"按钮，可由系统自动根据审核数生成收入预算控制数，财政管理部门可以在此基础上对数据再次进行核对，必要时可以直接进行修改，然后点击"保存"。

注意：若控制数据已存在且无误，就可以不用点击"生成预算控制数"按钮，否则将覆盖原来的控制数据，请谨慎操作。此处的收入预算控制数不用作"下达操作"。

在预算单位（部门）上报的通过审核的基础数据建议数基础上，财政预算管理部门对各预算单位基础数据进行编制，从而形成单位预算基础数据控制数。

当进行单位预算基础数据的控制操作时，单击菜单栏"基础数据"，在下级菜单中选择"基础数据控制数"，出现单位基础项目控制窗口（见图3－22）。

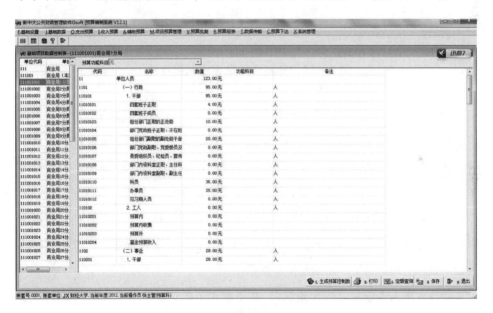

图 3－22　基础项目数据控制表

支出预算控制数据审核是财政预算管理部门对预算单位下达支出预算控制额度进行的确认核对。即对已编制好的支出控制数据进行审核操作。经审核后的支出预算数据方可进行下一步的控制数据操作。

操作时单击菜单栏"支出预算"，在下级菜单中选择"支出预算控制数审核"，弹出如图3－23所示的窗口。

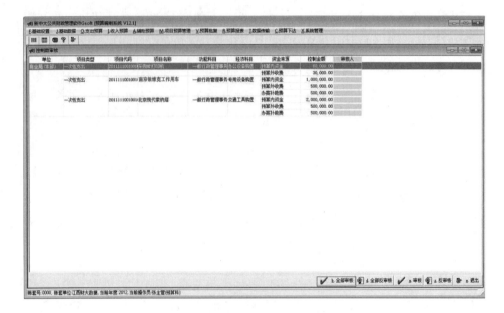

图 3 - 23　支出预算数据控制数审核

在此，审核员可以对数据进行逐条核查，点击"审核"按钮逐条审核；也可以全部核查后点击"全部审核"按钮一次性将未审核的数据全部审核。一旦审核，审核人的名字将出现在"审核人"一栏内，表示已经审核。审核后的数据是不允许修改的，如果需要修改，必须点击"反审核"取消审核。

收入预算控制数据审核是财政预算管理部门对预算单位下达收入预算控制额度进行的确认核对。即对已编制好的收入控制数据进行审核操作。经审核后的收入预算数据方可进行下一步的控制数据操作。

操作时单击菜单栏"收入预算"，在下级菜单中选择"收入预算数控制数审核"，弹出如图 3 - 24 所示的窗口。

在此，审核员可以对数据进行逐条核查，点击"审核"按钮逐条审核；也可以全部核查后点击"全部审核"按钮一次性将未审核的数据全部审核。一旦审核，审核人的名字将出现在"审核人"一栏内，表示已经审核。审核后的数据是不允许修改的，如果需要修改，必须"取消"审核。

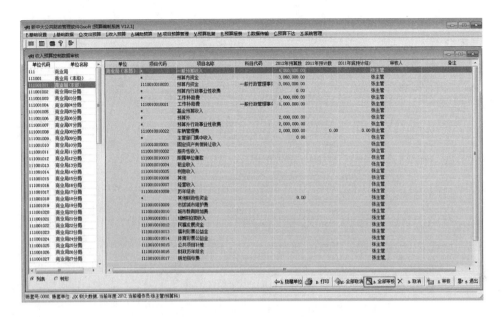

图 3 - 24 收入预算数据控制数据审核

第三节 "二上二下"阶段实验

"一上"编制完成后，预算单位需要在下达的控制数范围内对"一上"编制数据进行修改，按照预算主管部门审批的意见调整本单位的预算数据，然后再次上报给预算主管部门，经过专管员和主管部门审核后，上报地方人大审议，通过后形成批复数据，作为下年各单位预算执行的依据。

一、操作员 YSK001 确认进度

系统登录后，以 YSK001 陈洋身份进入新中大系统。选择"系统菜单"→"预算管理"→"预算编制"进入软件的预算编制系统。

在选择菜单"系统管理"→"编制进度"→"进度确认"，选中相应的预算单位，单击右下角的"确认序列"按钮，编制序列由"一下编制"转为"二上编制"，最后单击"保存"按钮（见图 3 - 25）。

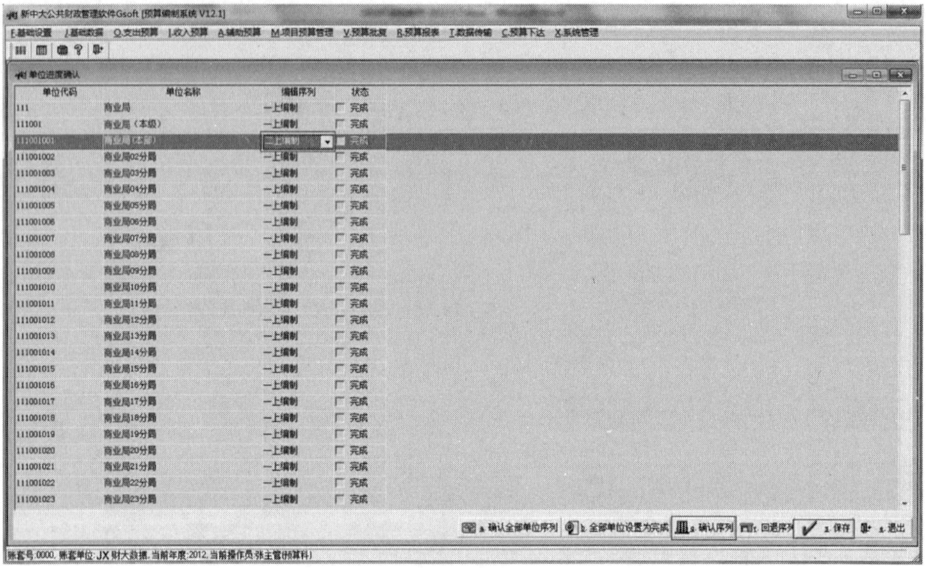

图 3 – 25 "一下"编制进度确认

二、进行二次数据上报

系统登录后，以 YSK004 江水身份进入新中大系统。选择"系统菜单"→"预算管理"→"预算编制"进入软件的预算编制申报系统。

首先，进行支出预算数据的二次上报。在界面的左列图标菜单中选择"支出预算"，在右边的工作区域中点击"支出预算录入表"，弹出"选择数据导入序列"对话框，在下拉列表中选择"一上审核数"，点击"确认"，生成支出预算的二次上报数据，江水可根据实际部门情况进行修改，再点击"存入"（见图 3 – 26）。

其次，进行基础数据的二次上报。在界面的左列图标菜单中选择"基础数据"，在右边的工作区域中点击"单位基础数据"，弹出"选择数据导入序列"对话框（见图 3 – 27）。在下拉列表中选择"一上审核数"，点击"确认"，生成基础数据的二次上报数据，江水可根据实际部门情况进行修改，再进行保存。

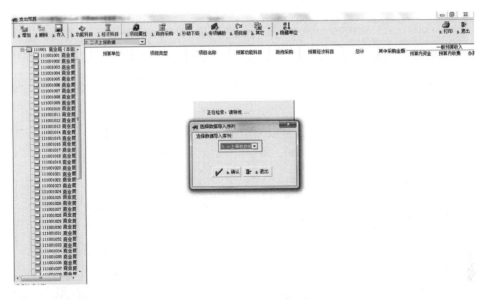

图 3 - 26 "一上"审核支出预算导入

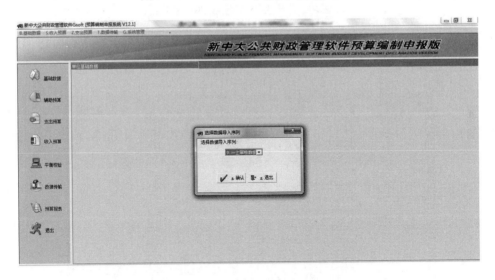

图 3-27 "一上"审核基础数据导入

再其次,进行收入预算的二次上报。在界面的左列图标菜单中选择"收入预算",在右边的工作区域中点击"收入预算录入表",弹出"选择数据导入序列"对话框(见图 3-28)。在下拉列表中选择"一上审核数",点击"确认",生成收入预算的二次上报数据表,江水可根据时机部门情况进行修改,再进行保存。

图 3 – 28 "一上"审核收入预算导入

最后,"二上"完成状态确认,在选择菜单"系统管理"→"进度确认",选中相应的预算单位,勾选状态"完成",然后点击"保存"(见图 3 – 29)。

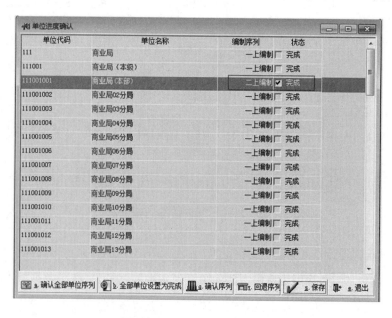

图 3 – 29 单位进度确认

三、确 认 进 度

系统登录后，以 YSK001 陈洋身份进入系统。选择"系统菜单"→"预算管理"→"预算编制"进入软件的预算编制系统。

在选择菜单"系统管理"→"编制进度"→"进度确认"，选中相应的预算单位，单击右下角的"确认序列"按钮，编制序列由"二上编制"转为"二上审核"，再单击"确认"按钮（见图 3-30）。

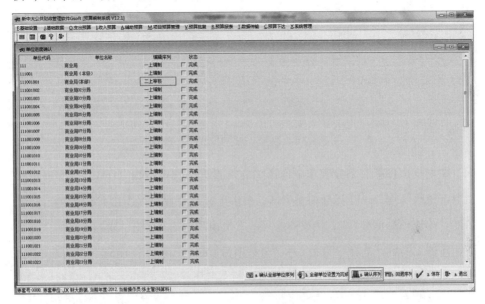

图 3-30 "二上"编制进度确认

四、二 次 审 核 数 据

系统登录后，以 YSK003 何花身份进入系统。选择"系统菜单"→"预算管理"→"预算编制"进入软件的预算编制系统。

在"基础数据"下拉菜单中选择"基础数据二上审核数"，弹出"基础项目数据审核表—111001001 商业局（本部）"窗口（见图 3-31），在左边的列表中选择单位名称"商业局（本部）"，再单击表右下角的"生成预算审核数"按钮，出现商业局部门预算的基础数据表，何花对其进行审核。审核无误后，单击"保存"。

注意：如果预算审核数没有自动生成时，点击"生成预算审核数"按钮，否则可以省去此操作。

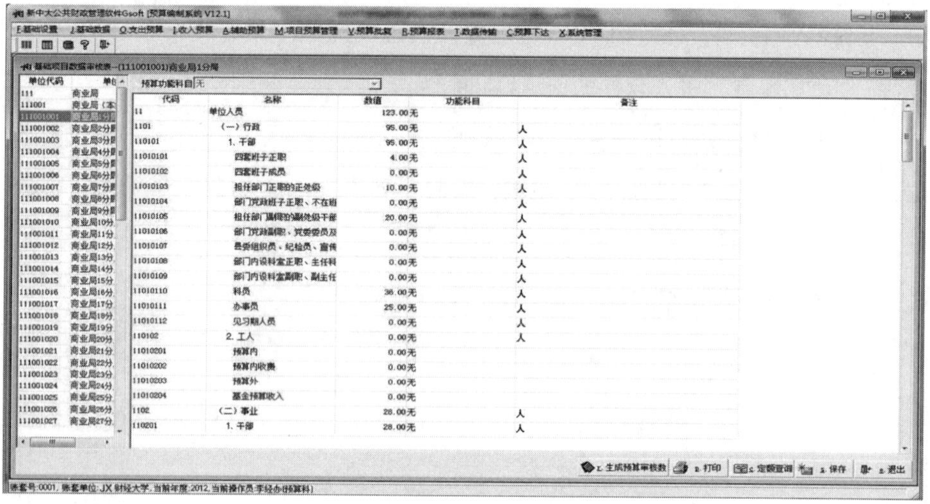

图 3-31 基础数据"二上"审核

在"支出预算"下拉菜单中选择"支出预算二上审核数"，弹出"支出预算二上审核数"窗口，在界面的左列部门树中选择"商业局（本部）"，再单击左上角的"生成预算审核数"，生成商业局的支出预算表（见图 3-32）。

审核无误后，选择"审批"→"全部项目审核"。

图 3-32 支出预算"二上"审核

在"收入预算"下拉菜单中选择"收入预算二上审核数",弹出"收入预算控制"窗口(见图3-33),在界面的左列部门树中选择"商业局(本部)",再单击右下角的"生成审核数",生成商业局的支出预算表。审核无误后,选择"审核"→"审核"按钮。

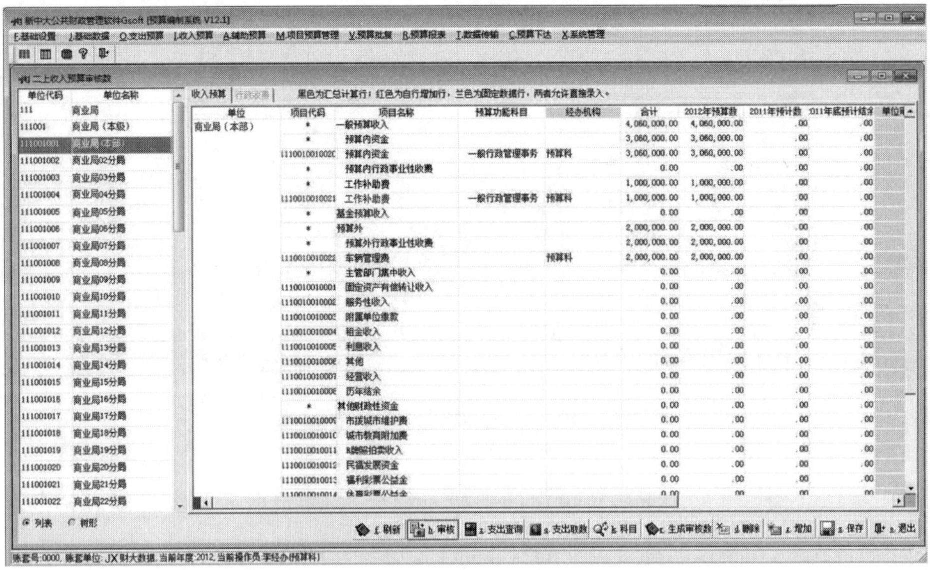

图3-33　收入预算"二上"审核

五、操作员 YSK001 确认进度

系统登录后,以YSK001陈洋身份进入新中大系统。选择"系统菜单"→"预算管理"→"预算编制"进入软件的预算编制系统。

再选择菜单"系统管理"→"编制进度"→"进度确认",单击右下角的"确认序列"按钮,编制序列由"二上审核"转为"批复编制",再单击"保存"按钮(见图3-34)。

六、操作员 YSK003 批复部门预算

系统登录后,以YSK003何花身份进入新中大系统。选择"系统菜单"→"预算管理"→"预算编制"进入软件的预算编制系统。

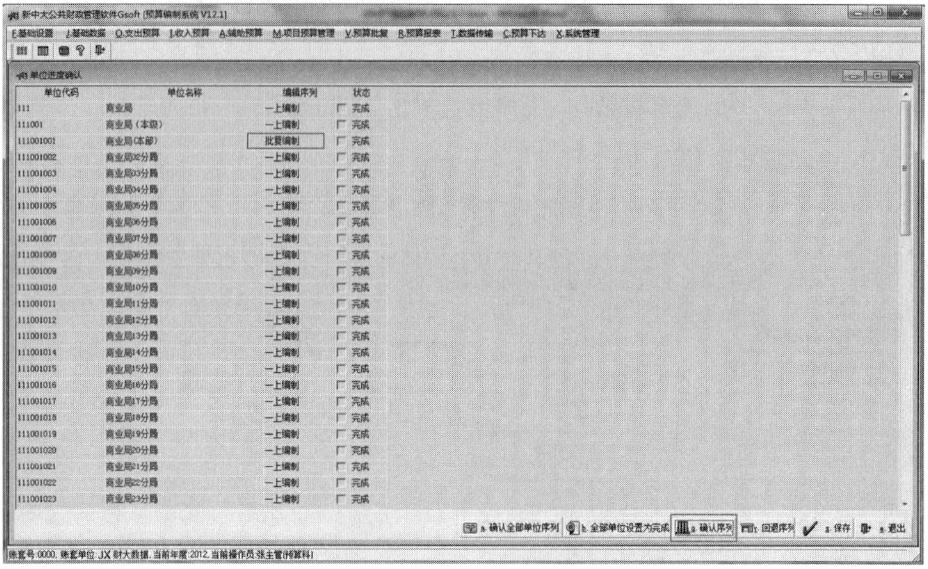

图 3-34 "二上"审核进度确认

选择"预算批复"下拉菜单中的"收入预算",生成收入预算批复表,在左边的列表中选择单位名称"商业局(本部)",再单击表右下角的"生成预算批复数"按钮,在弹出的"选择批复数据导入序列"对话框中选择"二上审核数",点击"确认",出现商业局部门收入预算的数据表,何花对其进行审核。审核无误后,单击"保存"(见图 3-35)。

选择"预算批复"下拉菜单中的"支出预算",生成支出预算批复表,在左边的列表中选择单位名称"商业局(本部)",再单击左上角的"数据源"按钮,在弹出的"批复数据导入序列"对话框中选择"二上审核数",点击"确认",出现商业局部门支出预算的数据表,何花对其进行审核。审核无误后,单击"保存"(见图 3-36)。

七、操作员 YSK001 审核部门批复预算

系统登录后,以 YSK001 陈洋身份进入新中大系统。选择"系统菜单"→"预算管理"→"预算编制"进入软件的预算编制系统。

图 3 – 35 收入预算批复数据导入

图 3 – 36 导入支出预算批复数据

选择"预算批复"下拉菜单中的"收入批复审核",弹出"收入预算审核"窗口,选择右边收入批复审核单位"单位代码111001001 商业局(本部)"进行收入预算批复审核,审核无误后,点击"全部审核"按钮,然后退出(见图3 –37)。

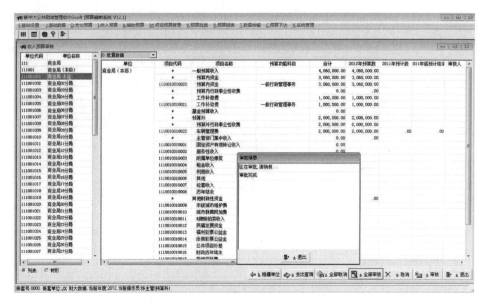

图 3 - 37 收入预算审核

选择"预算批复"下拉菜单中的"支出批复审核",弹出"支出预算审核"窗口,选择右边收入批复审核单位"单位代码111001001商业局(本部)"进行收入预算批复审核,审核无误后,点击"全部审核"按钮,然后点击"确定"退出(见图3-38)。

图 3 - 38 支出预算审核

八、操作员 YSK003 下达财政总指标

系统登录后，以 YSK003 何花身份进入新中大系统。选择"系统菜单"→"预算管理"→"预算编制"进入软件的预算编制系统。

选择"预算下达"下拉菜单中的"财政总指标"，系统弹出"导出设置"对话框（见图3-39），填写年度为"2013"，预算数据选择"预算批复数据"，然后点击"确认"。

图 3-39 预算导出设置

在弹出的指标账界面中选中右边预算的经办机构，如"999001999 预算科"，然后点击"参数设置"按钮。填写指标来源：本年预算；登记日期：2013.01.01；起始日期：2013.01.01；终止日期：2013.12.31；文号：LC 预指【59】号。最后全选"转出项目类型"，点击"确认"，完成转入参数设置（见图3-40）。

在指标账界面点击"生成指标记录"，然后关闭"计算消息窗"（见图3-41）。

点击"保存"按钮，系统弹出对话框如图3-42所示，点击"是"，关闭弹出的计算消息窗口，完成预算转指标工作。

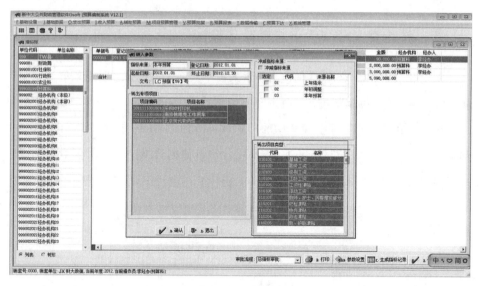

图 3-40　参数设置

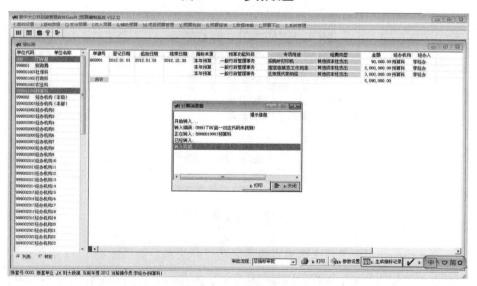

图 3-41　生成指标记录

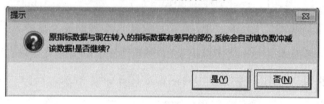

图 3-42　提示

九、生成部门预算报表

目前的报表主要分为系统报表及报表中心——自定义报表，下面分别展开介绍。

（一）系统报表

1. 收支总表

收支总表为可查询打印单位编制的支出预算统计报表，该表对各个项目的金额进行汇总统计。可以根据不同的单位分别查看收入总表或支出总表，根据"两上两下"的不同阶段进行预算对比工作（见图3-43）。

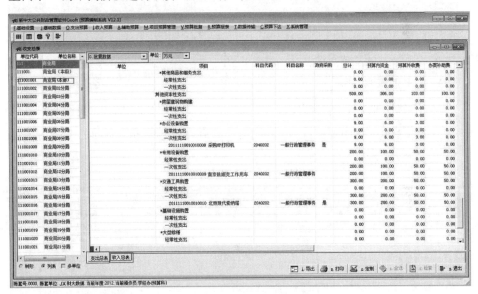

图3-43　收支总表

2. 收入预算表

收入预算表为可查询打印单位编制的收入预算项目报表。

收入预算表是以预算项目为统计口径，反映单位收入预算的报表。根据不同用户的权限在左边窗口中列出相关单位名称，通过点击某一单位可以查看到该单位的收入预算情况，当点击的单位为上级单位时，系统则显示该单位所有下级单位的收入预算数。用户还可以通过"一次上报数据""二次上报数据"等选项来查看不同的数据（见图3-44）。

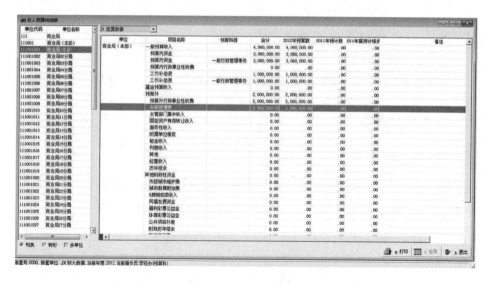

图 3-44　收入预算表

3. 支出预算明细表

支出预算明细表为可查询打印单位编制的支出预算明细项的报表（见图 3-45）。

该表以支出预算明细项目为统计口径，反映单位支出预算明细。查询方法请见上小节"收入预算表"。

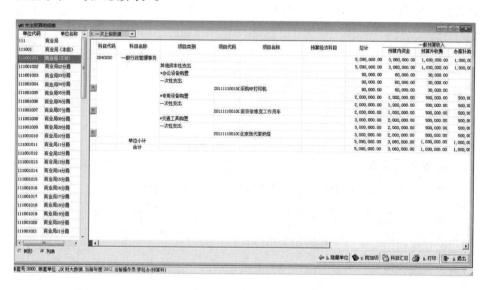

图 3-45　支出预算明细表

4. 收支预算报表查询

此报表下级分为三小类表，包括支出预算列表、政府采购明细表、收入预算列表，主要是通过查询条件的设定对"两上两下"全过程的分类编制数据进行对比，见图 3 – 46 至图 3 – 48。

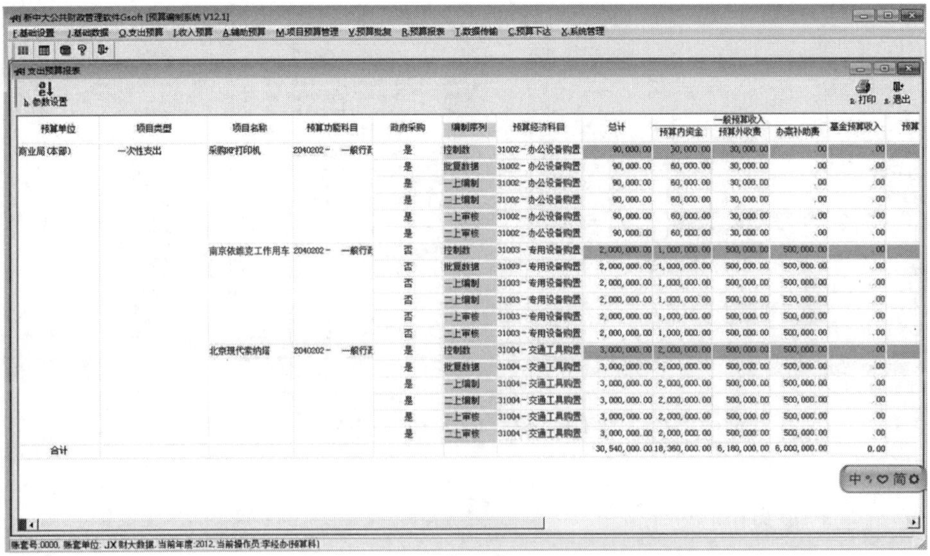

图 3 – 46　支出预算报表

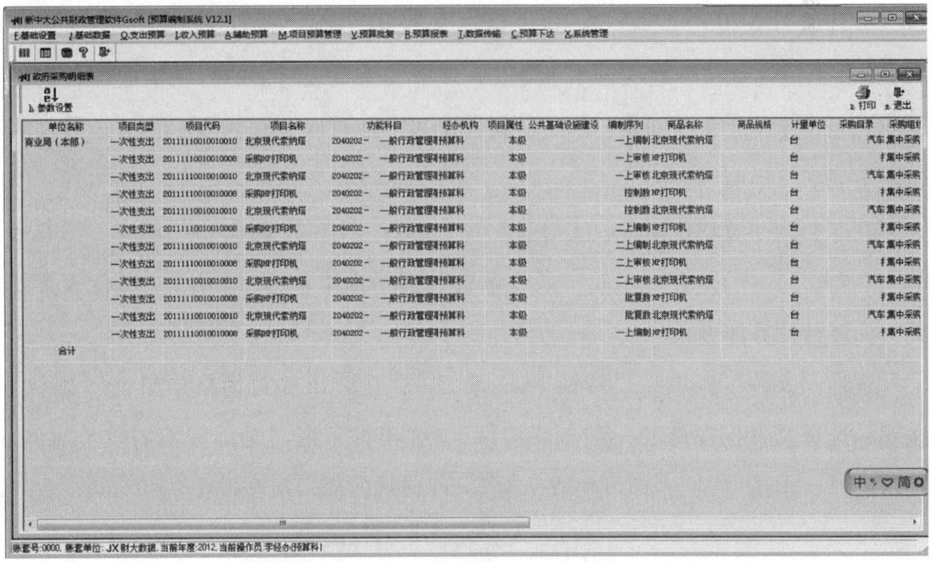

图 3 – 47　政府采购明细表

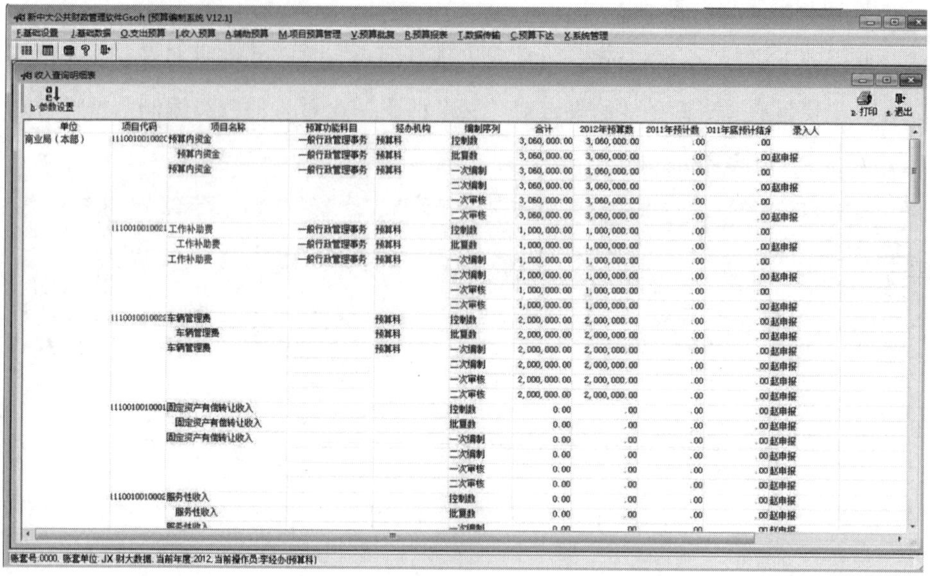

图 3 – 48 收入预算列表

（二）报表中心

以 YSK003 何花的身份进入新中大系统，选择"系统菜单"→"报表中心"进入软件的财务报告系统。单击"自定义报表"→"部门预算套表"，生成"2013 年部门（单位）综合预算报表"。该报表由报表封面、行政事业单位财务收支总表、专项经费明细表、基础资料情况表、非税收入预算表、行政事业性收费预算表、支出明细表组成。

在"行政事业单位财务收支总表"中，选择"计算分析"→"填充、汇总计算"（见图 3 – 49）。在弹出的"条件筛选"对话框中单击"确认"。其他表参照此方法进行计算即可。

选择"文件"菜单→"转换 Excel 输出"，在弹出的对话框中单击"确认"按钮→选择文件保存路径，点击"确认"，弹出提示框"全部转换需较长时间，确认吗？"，单击"是"，即可生成一份 Excel 格式的部门预算报表。

行政事业单位财务收支总表

表2

编制单位：学生3　　　　单位：元

本年收入		本年支出			其中：			
项　目	预算数	序号	项　目	预算数	预算内资金	预算内收费	预算外	其他
历年结余		一	工资福利支出					
2006年底结余		1	基本工资					
2007年当年预计结余		2	津贴补贴					
		3	奖金					
		4	社会保障缴费					
		5	伙食补助费					
本　年　收　入		6	其他					
一、财政拨款收入（预算内资金）		7	其他（定额补助）					
二、预算外行政事业性收费		二	对个人和家庭的补助					
三、主管部门集中收入		1	离休费					
四、其他收入		2	退休费					
五、预算内行政事业性收费		3	退职费					
六、经营收入		4	抚恤和生活补助					
七、其他财政资金		5	助学金					
		6	住房公积金					
		7	提租补贴					
		8	购房补贴					
		9	其他					
		三	商品和服务支出					
		1	公务费					
		2	交通费					
		3	福利费					
		4	工会经费					
		5	*维修（护）费					
		6	*租赁费					

图3－49　行政事业单位财务收支总表

第四章

指标与拨款实验

第一节　指标编制及下达实验

指标管理业务主要管理年初预算和年中调整预算数，并根据预算执行的情况进行指标调整，同时还管理上级追加数以及追加下级数，为资金拨付部门提供预算执行的依据。

指标管理工作主要涉及的相关部门有预算处和各预算单位分口业务处。主要工作由预算处负责，其他分口业务处协助管理。由于管理体制的差别，指标管理的全过程也可能统一由预算处来完成。其他相关部门如国库处，预算单位根据提供的指标信息对指标进行执行与监控。

指标管理系统承上启下，上与预算编制系统衔接，根据批复后的预算情况自动形成当年指标；下与具体的财政收支业务相关联，对收入和支出业务的发生进行实时控制，并根据实际的执行情况生成指标账和进度报告。

一、实验准备

预算编审工作结束后，各单位收到财政批复下来的本年度的支出预算数据，通过数据接口方式或者手工录入方式将预算数据导入指标系统，作为全年支出控制的依据。

财政集中支付相关基础设置，包括指标来源、预算科目、预算类型、经费类型、专项用途、结算方式等已经设置完毕。如果需要调整，以主管身份进入财政业务数据中心模块设置，本实验主管操作员是 GKK001 王娟。

二、实验目的及要求

（1）了解政府指标下达业务流程及其模式。

（2）熟练掌握新中大政府指标管理模块的软件系统操作。

（3）根据实验资料完成总指标、总指标下达、明细指标、明细指标下达、分月用款计划制订等操作。

三、实验流程

实验流程如图 4-1 所示。

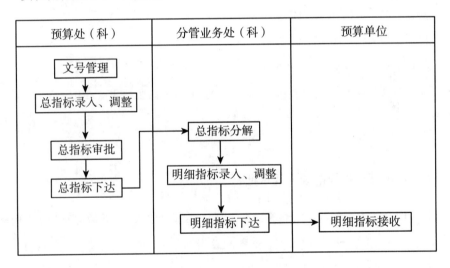

图 4-1　实验流程

（1）预算处（科）负责全部指标的总体管理，并向各业务处（科）下达分配指标。

（2）业务处（科）室负责将预算处（科）下达的总指标分解。

（3）业务处（科）室负责将明细指标下达到具体的预算单位并监督其执行。

四、实验案例数据

【例4-1】民政局收到财政批复下达的预算，本单位可用于商品和服务支出的总指标为1200000元，分解到本月的指标金额为120000元。

功能科目：2080202 一般行政管理事务

预算类型：0101 预算内资金

指标来源：03 本年预算

经费类型：13 商品和服务支出

本月拨解的明细指标关联经济科目：30219 装备购置费

【例4-2】商业局收到财政批复下达的预算，本单位可用于商品和服务支出的总指标为2100000元，分解到本月的指标金额为210000元。

功能科目：2040202 一般行政管理事务

预算类型：0101 预算内资金

指标来源：03 本年预算

经费类型：13 商品和服务支出

本月拨解的明细指标关联经济科目：30219 装备购置费实验操作

五、实验操作指导

（一）预算总指标的录入及审批

以GKK004李猛的身份登录系统，选择"系统菜单"→"预算管理"→"指标管理"进入软件的指标管理系统。选择"总指标"→"总指标录入"，在界面上进行年度总指标的录入工作（见图4-2）。

录入过程中选择：

功能科目：2080202 一般行政管理事务

预算类型：0101 预算内资金

指标来源：03 本年预算

经费类型：13 商品和服务支出

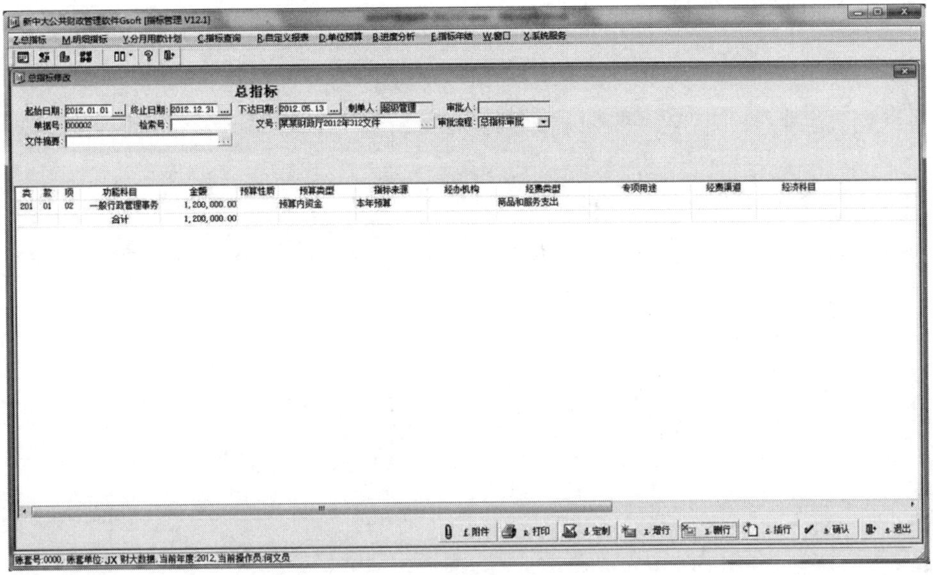

图 4-2 民政局总指标录入

金额：1200000 元

注意：总指标录入过程由于还不明确具体支出范围，所以不要选择经济科目

文号：选择相应文号

录入完毕，点击"确认"，保存退出。

系统自动出现一张新的空白录入单，按同样的方法输入另外一条总指标信息。

功能科目：2040202 一般行政管理事务

预算类型：0101 预算内资金

指标来源：03 本年预算

经费类型：13 商品和服务支出

金额：2100000 元

具体如图 4-3 所示。

由 GKK002 张玉对录入的总指标进行初次审核。更换操作员为张玉身份登录，进入软件的指标管理系统。选择"总指标"→"总指标审批"→"逐张审批"，系统弹出条件筛选窗口，选择条件后点击"确认"，系统打开待审批的"总指标审批"窗口（见图 4-4）。

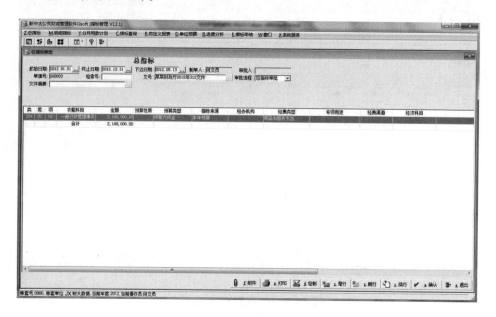

图 4-3 商业局总指标录入

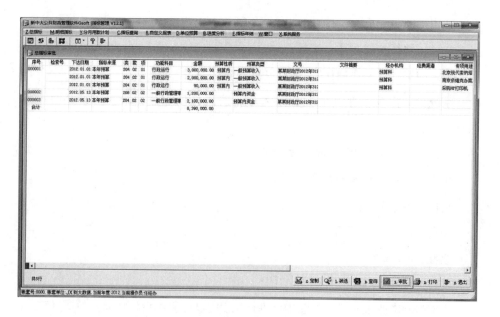

图 4-4 总指标审批

在图 4-4 窗口点击"审批"进入"总指标审批"的详细界面（见图 4-5）。

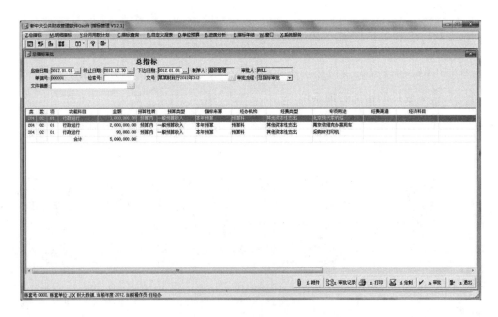

图 4-5 总指标逐张审批

在图 4-5 窗口选择要审批的单据，点击窗口下方的"审批"按钮，系统会弹出"审批意见"对话框（见图 4-6）。录入审批意见，点击"确认"完成单据审批。

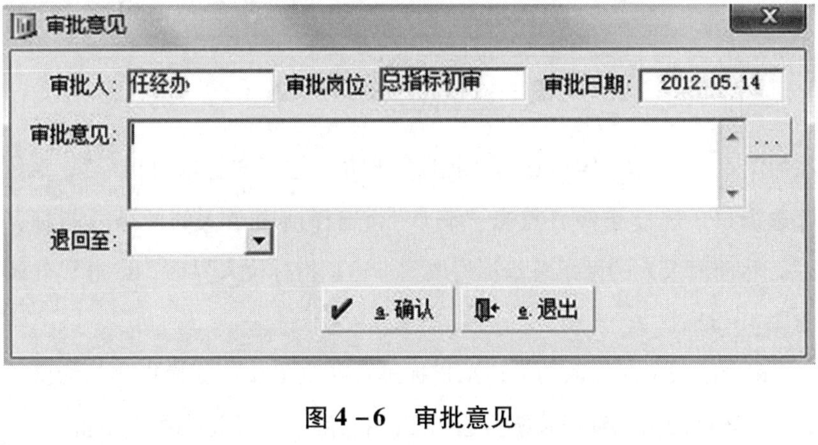

图 4-6 审批意见

更换操作员，以 GKK001 王娟的身份对录入的总指标进行复审，审批方法同上。

（二）下达总指标录入及审批阶段

以 GKK004 李猛的身份登录系统，选择"系统菜单"→"预算管理"→"指标管理"进入软件的指标管理系统。

选择"总指标"→"下达总指标录入"，在如图 4-7 所示窗口进行年度下达总指标的录入工作。

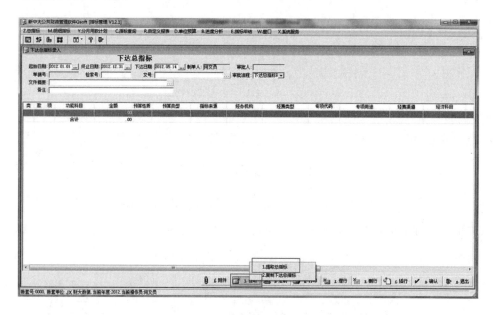

图 4-7　下达总指标录入

在如图 4-8 所示的窗口点击"提取"按钮，选择"提取总指标"，系统弹出条件筛选窗口，选择条件后点击"确认"，选择前面录入的两条总指标，点击"提取"，将前面录入的两条总指标提取到下达总指标录入界面，点击"确认"退出（见图 4-8）。

由 GKK002 张玉对提取的下达总指标进行初次审核。更换操作员为张玉身份登录，进入软件的指标管理系统。选择"总指标"→"下达总指标审批"→"逐张审批"，系统弹出条件筛选窗口，选择条件后点击"确认"，系统打开待审批的"下达总指标审批"窗口（见图 4-9）。

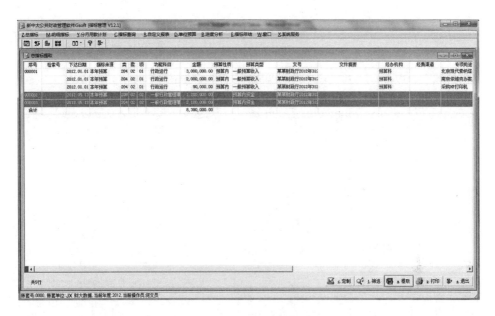

图4-8　提取总指标

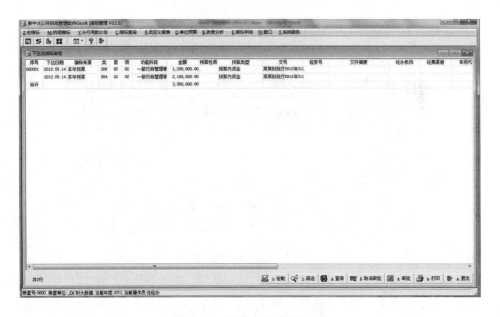

图4-9　下达总指标待审批

在如图4-9所示的窗口点击"审批"→"下达总指标审批"（见图4-10）。

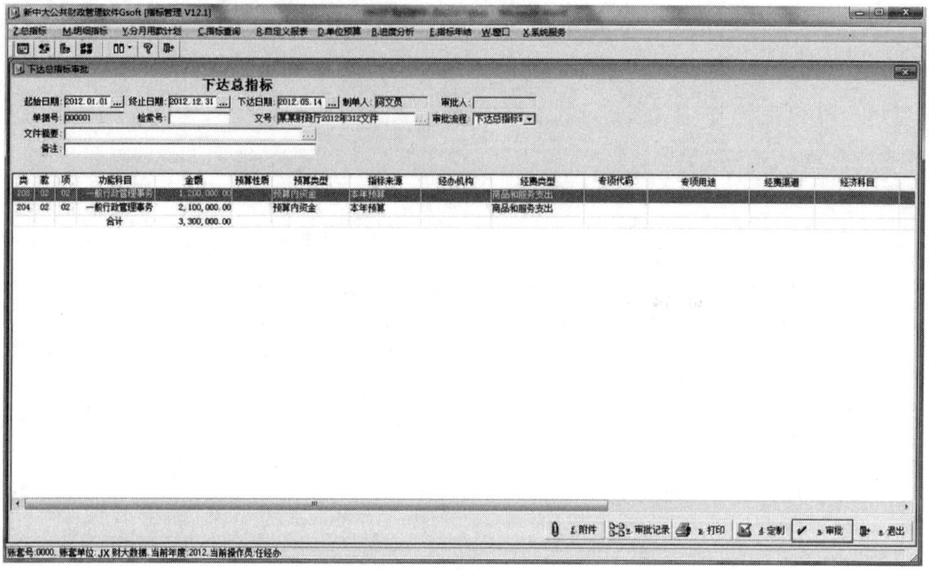

图 4-10　下达总指标审批

在如图 4-10 所示的窗口选择要审批的单据，点击窗口下方的"审批"按钮，系统弹出"审批意见"对话框（见图 4-11）。

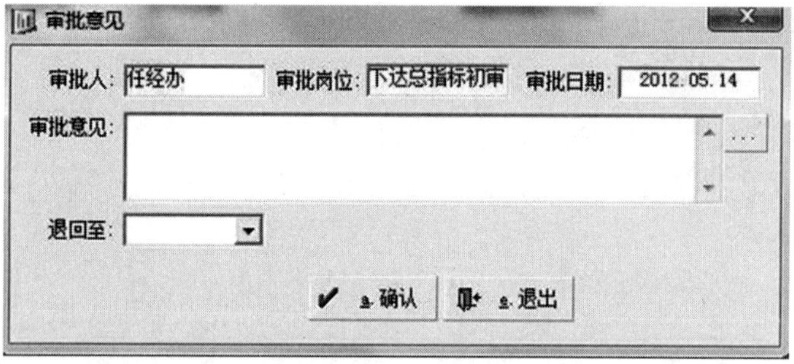

图 4-11　审批意见

录入审批意见，点击"确认"完成单据审批。

更换操作员，以 GKK001 王娟的身份对提取方式录入的下达总指标进行复审，审批方法同上。

(三) 明细指标录入及审批

以 GKK004 李猛的身份登录系统,选择"系统菜单"→"预算管理"→"指标管理"进入软件的指标管理系统。

选择"明细指标"→"明细指标录入"→"明细指标录入",在如图 4 - 12 所示的窗口录入各预算单位的明细指标。

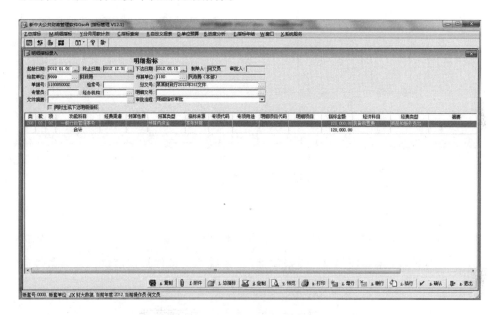

图 4 - 12　民政局明细指标录入

在如图 4 - 12 所示的窗口,首先选择预算单位"1180 民政局",然后点击"总文号"后对应的下拉菜单,在弹出的"指标列表"选择前面录入的有关民政局的下达总指标,点击"提取"将该笔下达总指标提取到明细指标录入界面,然后分别修改金额为 120000 元,并补充选择经济科目为"30219 装备购置费",最后点击"确认"退出。

注意:提取总指标之后,一般情况下需要核对明细指标的具体金额,如果不修改金额,则表示将该单位全年指标一次性全额拨付;如果本明细仅是总指标的 1/10,则下次系统最多只能自动提取其余未拨付部分。

操作同上,为"1101 商业局"录入本月的明细可用指标,将金额修改为

210000 元，并补充选择经济科目为"30219 装备购置费"，如图 4 - 13 所示。

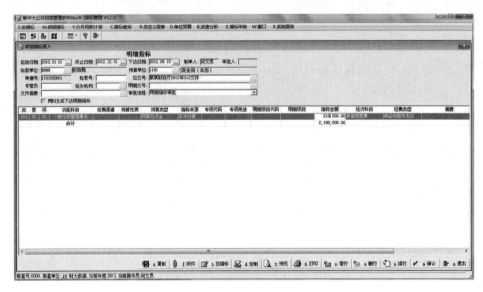

图 4 - 13　商业局明细指标录入

由 GKK002 张玉对录入的明细指标进行初次审核。

更换操作员以张玉身份登录，进入软件的指标管理系统。选择"明细指标"→"明细指标审批"→"逐张审批"，系统弹出条件筛选窗口，选择条件后点击"确认"，系统打开待审批的"明细指标审批"窗口。

点击"审批"进入"明细指标审批"界面，选择要审批的单据，点击窗口下方的"审批"按钮，在弹出的"审批意见"窗口录入审批意见，点击"确认"完成单据审批。操作详图同总指标审批。

更换操作员，以 GKK001 王娟的身份对张玉初审之后的两条明细指标进行复审，审批方法同上。

（四）下达明细指标录入及审批

以 GKK004 李猛的身份登录系统，选择"系统菜单"→"预算管理"→"指标管理"进入软件的指标管理系统。

选择"明细指标"→"下达明细指标录入"→"下达明细指标录入"，在界面上录入各预算单位的明细指标（见图 4 - 14）。

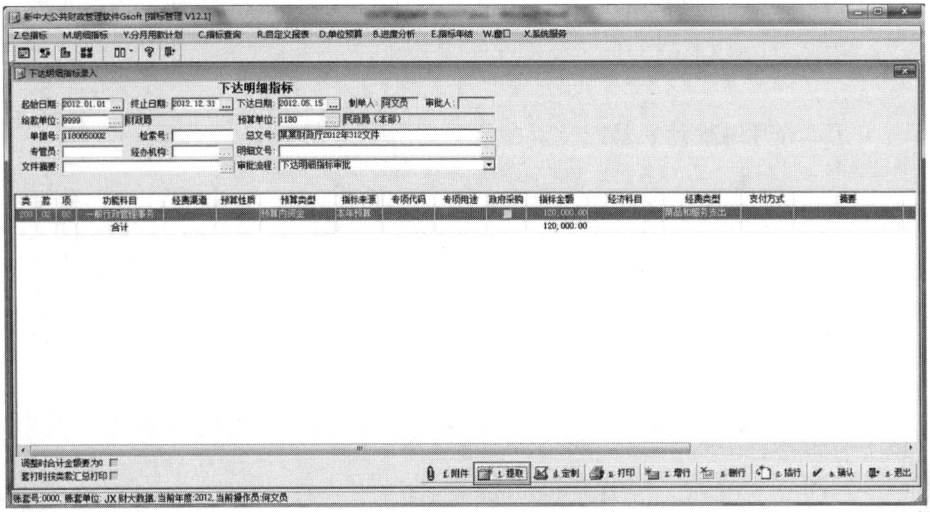

图 4 - 14　民政局下达明细指标录入

在如图 4 - 14 所示的窗口中，首先选择预算单位"1180 民政局"，然后点击"提取"按钮，在弹出的窗口选择"明细指标"，将该笔明细指标提取到下达明细指标录入界面，最后点击"确认"退出。

操作同上，为"1101 商业局"提取本月的下达明细可用指标（见图 4 - 15）。

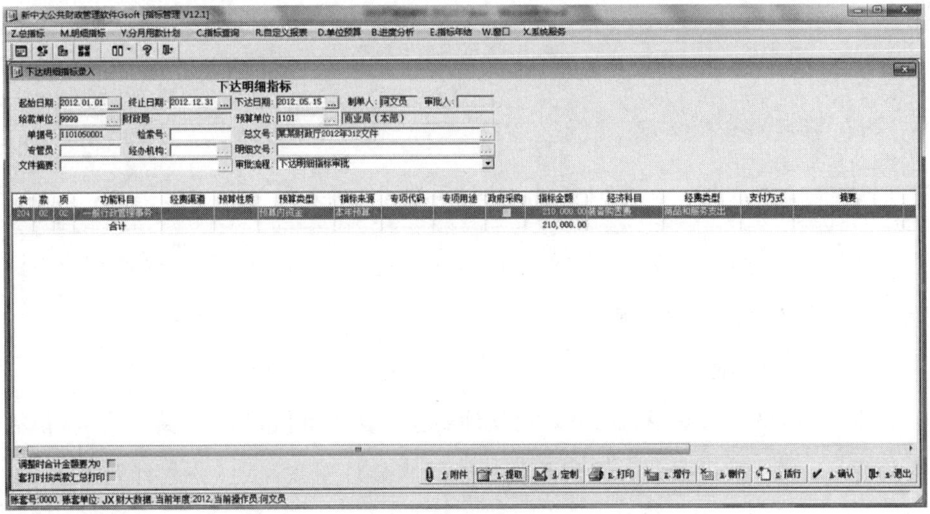

图 4 - 15　商业局下达明细指标

先后由张玉和王娟对提取的下达明细指标进行初次审核和复审。操作办法同前面介绍的审核流程。

（五）分月用款计划录入及审批

首先以 GKK004 李猛的身份登录系统，选择"系统菜单"→"预算管理"→"指标管理"进入软件的指标管理系统。

选择"分月用款计划"→"计划录入"，在如图 4-16 所示的窗口进行分月用款计划的录入工作。

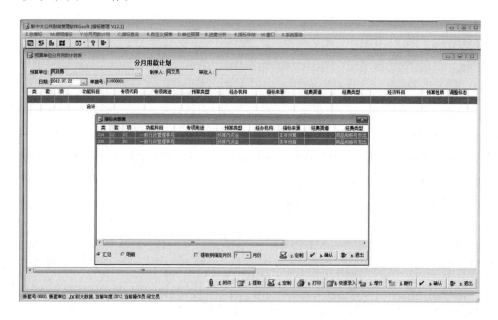

图4-16　分月用款计划录入

在录入过程中，选择预算单位"1180 民政局"，点击"提取"选中相应指标余额，点击"确认"保存退出。

商业局分月用款计划同上操作。

由 GKK002 张玉对录入的分月用款计划进行初次审核。更换操作员，以张玉身份登录，进入软件的指标管理系统。选择"分月用款计划"→"计划审批"→"逐张审批"，系统弹出条件筛选窗口，选择条件后点击"确认"，系统打开待审批的"预算单位分月用款计划表"窗口（见图 4-17）。

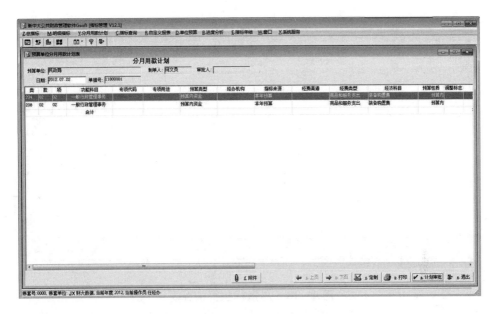

图 4 – 17 预算单位分月用款计划表

在如图 4 – 17 所示的窗口点击"计划审批",系统弹出"审批意见"窗口,录入审批意见,点击"确认"完成单据审批。

更换操作员,以 GKK001 王娟的身份对录入的分月用款计划进行复审,审批方法同上。

(六)生成指标执行情况表

目前的报表主要分为系统报表及报表中心——自定义报表,下面分别进行介绍。

1. 系统报表

(1)指标执行情况表——总指标执行情况表。总指标执行情况表列出了所有总指标的执行内容,包括预算类型、指标来源、功能科目、经费类型、总指标金额、已下达金额、余额等(见图 4 –18)。

(2)指标执行情况表——下达总指标执行情况表。下达总指标执行情况表列出了所有下达总指标的执行内容,包括预算类型、指标来源、功能科目、经费类型、下达总指标金额、已下达金额、余额等(见图 4 –19)。

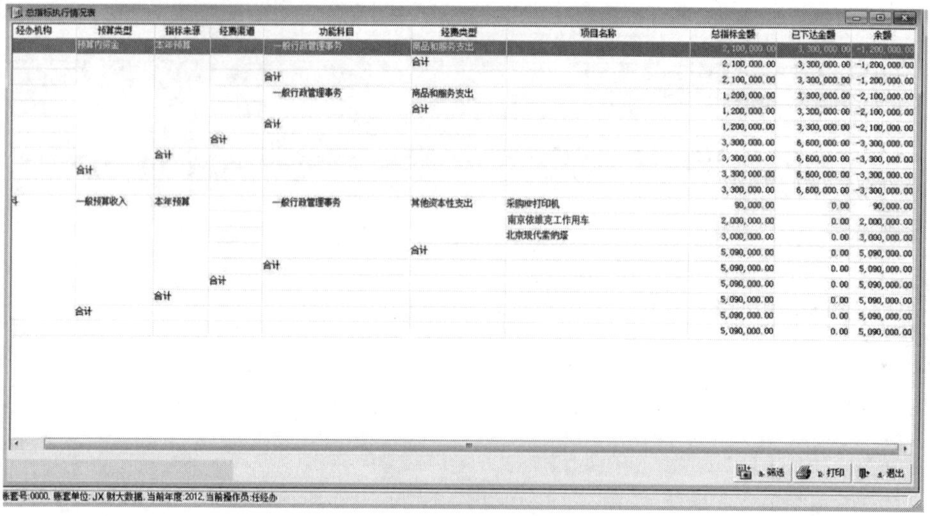

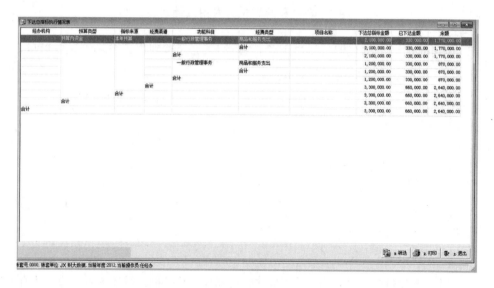

经办机构	预算类型	指标来源	经费渠道	功能科目	经费类型	项目名称	总指标金额	已下达金额	余额
	预算内资金	本年预算		一般行政管理事务	商品和服务支出		2,100,000.00	3,300,000.00	-1,200,000.00
					合计		2,100,000.00	3,300,000.00	-1,200,000.00
				合计			2,100,000.00	3,300,000.00	-1,200,000.00
				一般行政管理事务	商品和服务支出		1,200,000.00	3,300,000.00	-2,100,000.00
					合计		1,200,000.00	3,300,000.00	-2,100,000.00
				合计			1,200,000.00	3,300,000.00	-2,100,000.00
			合计				3,300,000.00	6,600,000.00	-3,300,000.00
		合计					3,300,000.00	6,600,000.00	-3,300,000.00
	合计						3,300,000.00	6,600,000.00	-3,300,000.00
							3,300,000.00	6,600,000.00	-3,300,000.00
斗	一般预算收入	本年预算		一般行政管理事务	其他资本性支出	采购HP打印机	90,000.00	0.00	90,000.00
						南京依维克工作用车	2,000,000.00	0.00	2,000,000.00
						北京现代索纳塔	3,000,000.00	0.00	3,000,000.00
					合计		5,090,000.00	0.00	5,090,000.00
				合计			5,090,000.00	0.00	5,090,000.00
			合计				5,090,000.00	0.00	5,090,000.00
		合计					5,090,000.00	0.00	5,090,000.00
	合计						5,090,000.00	0.00	5,090,000.00
							5,090,000.00	0.00	5,090,000.00

图 4－18　总指标执行情况表

经办机构	预算类型	指标来源	经费渠道	功能科目	经费类型	项目名称	下达总指标金额	已下达金额	余额
	预算内资金	本年预算		一般行政管理事务	商品和服务支出		2,100,000.00	330,000.00	1,770,000.00
					合计		2,100,000.00	330,000.00	1,770,000.00
				合计			2,100,000.00	330,000.00	1,770,000.00
				一般行政管理事务	商品和服务支出		1,200,000.00	330,000.00	870,000.00
					合计		1,200,000.00	330,000.00	870,000.00
				合计			1,200,000.00	330,000.00	870,000.00
			合计				3,300,000.00	660,000.00	2,640,000.00
		合计					3,300,000.00	660,000.00	2,640,000.00
	合计						3,300,000.00	660,000.00	2,640,000.00
合计							3,300,000.00	660,000.00	2,640,000.00

图 4－19　下达总指标执行情况表

（3）指标执行情况分析表。根据条件的设定可以任意定义自己需要的指标执行情况数据（见图 4－20、图 4－21）。

图 4 - 20　条件选择

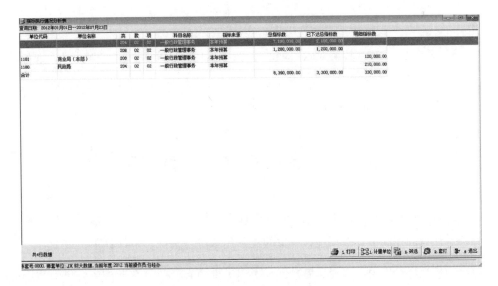

图 4 - 21　指标执行情况分析表

2. 报表中心

指标执行过程需要查看执行情况的时候，以何花、王娟或者李猛三人中任何一人的身份进入新中大系统，选择“系统菜单”→“报表中心”进入财务报告系统。单击“自定义报表”→“指标下达情况表”，即可打开查看该表。

在“指标下达情况表”中，选择“计算分析”→“填充、汇总计算”（见图4－22）。在弹出的“条件筛选”对话框中单击“确认”。其他表参照此方法进行计算即可。

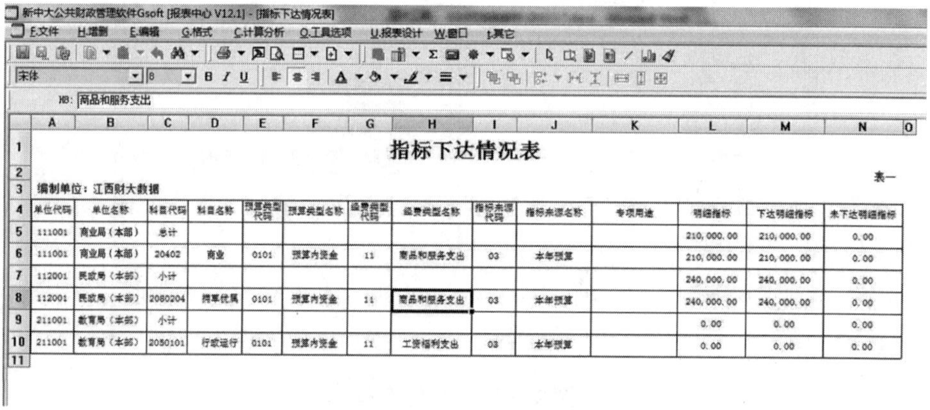

指标下达情况表

编制单位：江西财大数据　　表一

单位代码	单位名称	科目代码	科目名称	预算类型代码	预算类型名称	经费类型代码	经费类型名称	指标来源代码	指标来源名称	专项用途	明细指标	下达明细指标	未下达明细指标
111001	商业局（本部）	总计									210,000.00	210,000.00	0.00
111001	商业局（本部）	20402	商业	0101	预算内资金	11	商品和服务支出	03	本年预算		210,000.00	210,000.00	0.00
112001	民政局（本部）	小计									240,000.00	240,000.00	0.00
112001	民政局（本部）	2080204	拥军优属	0101	预算内资金	11	商品和服务支出	03	本年预算		240,000.00	240,000.00	0.00
211001	教育局（本部）	小计									0.00	0.00	0.00
211001	教育局（本部）	2050101	行政运行	0101	预算内资金	11	工资福利支出	03	本年预算		0.00	0.00	0.00

图4－22　汇总计算表

选择“文件”→“转换Excel输出”，在弹出的对话框中单击“确认”，选择文件保存路径，点击“确认”，弹出提示框“全部转换需较长时间，确认吗?”，单击“是”，即可生成一份Excel格式的指标下达情况表。

第二节　拨款申请及拨付实验

“拨款管理系统”是财政预算执行过程中常用的一种资金管理模式，在预算指标、计划的控制下，根据预算单位的实际用款进度情况，由预算单位或业务科室提出预算拨款申请，在经过审批后，根据审批核定金额将资金直接拨付到单位账户。主要功能包括：拨款申请管理、资金划拨管理、拨款调整、总预算会计确认和拨款报表查询。

一、实验准备

针对各预算单位的预算指标已经编审并下达完毕，预算单位根据业务用途选择通过财政预算拨款进行支付。

二、实验目的及要求

（1）了解政府拨款申请与拨付业务流程及其模式。

（2）熟练掌握新中大政府拨款管理模块的软件系统操作。

三、实验流程

（1）预算单位向各业务处（科）室提交拨款申请。

（2）各经办机构进行拨付凭证录入。

（3）财政各业务处(科)室对各经办机构的拨付凭证进行审核并作支付确认。

实验流程如图 4 – 23 所示。

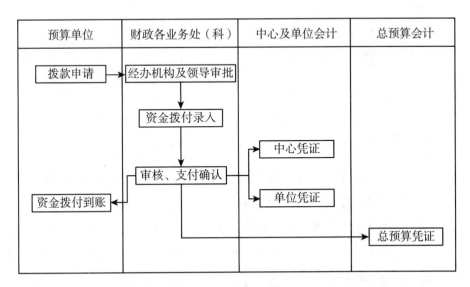

图 4 – 23　实验流程

四、实验案例数据

【例4-3】民政局打算为日常办公需要，现需采购台式电脑40台。台式电脑的市场价为每台6000元，特向财政局提出拨出专项专款的申请，申请金额为240000元。

功能科目：2080202 一般行政管理事务

预算类型：0101 预算内资金

指标来源：03 本年预算

经费类型：13 商品和服务支出

经济科目：30219 装备购置费

财政局经过审批，认为采购数量过多，将数量改为30台，拨付总额为180000元。

功能科目：2080202 一般行政管理事务

预算类型：0101 预算内资金

指标来源：03 本年预算

经费类型：13 商品和服务支出

经济科目：30219 装备购置费

五、实验操作指导

（一）拨款申请单录入

首先以GKK004李猛的身份登录，进入新中大系统，选择"系统菜单"→"支出管理"→"拨款管理"进入软件的拨款管理系统。

选择"拨款申请"→"拨款申请录入"，弹出条件筛选窗口，选择条件后点击"确认"，在弹出的"拨款申请书列表"界面点击"增加"，在如图4-24所示窗口进行拨款申请单据的录入。

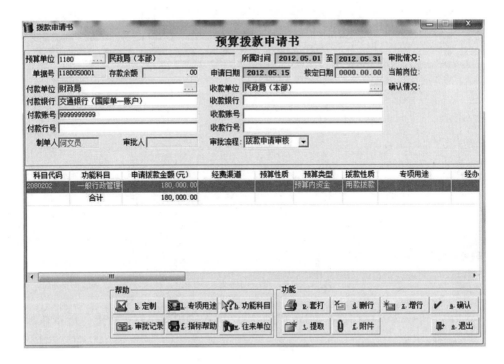

图 4 - 24　预算拨款申请书

预算单位：1180 民政局

功能科目：2080202 一般行政管理事务

金额：180000 元

预算类型：0101 预算内资金

指标来源：03 本年预算

经费类型：13 商品和服务支出

经济科目：30219 装备购置费

录入完毕，点击"确认"，保存退出。

由 GKK002 张玉对录入的拨款申请进行初次审核。更换操作员，以张玉身份
登录后进入软件的拨款管理系统。选择"拨款申请"→"申请审批"→"单张审
批"，系统弹出条件筛选窗口，选择条件后点击"确认"，系统打开待审批的"拨
款申请书列表"窗口（见图 4 - 25）。

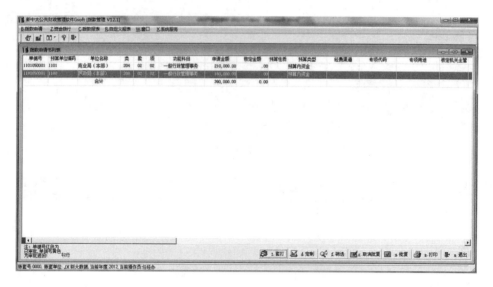

图 4 – 25　拨款申请书审批

在如图 4 – 25 所示的窗口点击"批复"，进入"预算拨款申请书"的审核窗口（见图 4 – 26）。

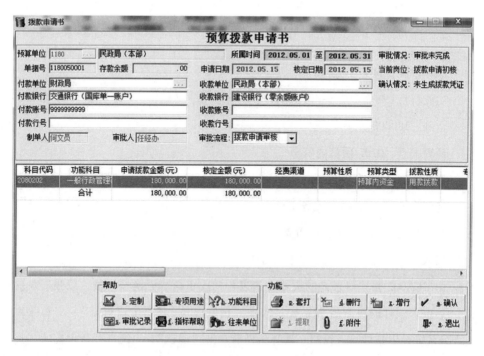

图 4 – 26　预算拨款申请书审核

在如图4-26所示的窗口点击"确认",完成初步审批环节。

注意:系统弹出"单张审批"和"成批批复"两个选项。两个审批操作目的相同,但对于大量的需要审批的拨款申请,利用"成批批复"功能效率更高。

更换操作员,以GKK001王娟的身份对录入的拨款申请进行复审,审批方法同上。

(二)拨款凭证录入

首先以GKK004李猛的身份登录系统,选择"系统菜单"→"支出管理"→"拨款管理"进入软件的拨款管理系统。

选择"资金拨付"→"资金拨付录入"→"申请书生成拨款凭证",弹出条件筛选窗口,选择条件后点击"确认",然后在弹出的"拨款申请书列表"窗口(见图4-27),选择需要生成凭证的申请单,点击"生成拨款凭证",在如图4-28所示对话框进行拨款凭证单据账户信息的录入。

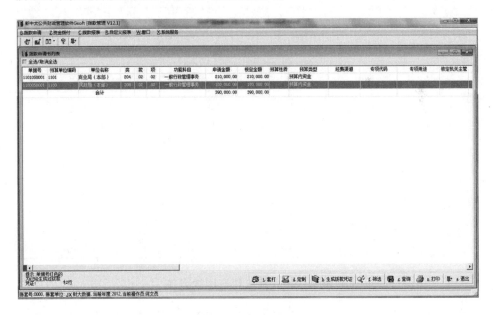

图4-27 拨款申请书列表

在如图4-28所示的界面输入账号信息(如果基础设置里单位信息包含账号信息,这里会带出默认的账号信息),点击"确认"。

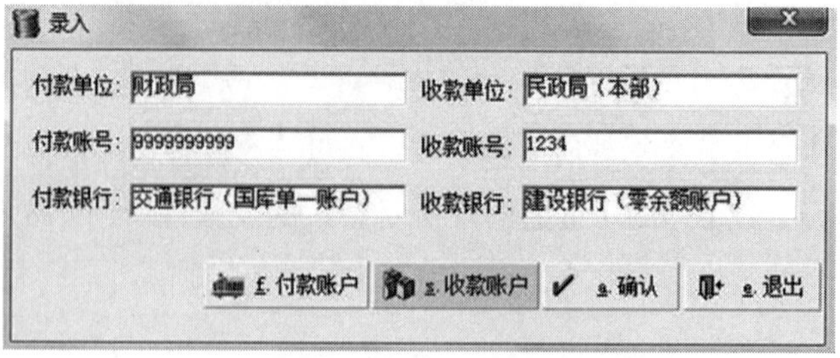

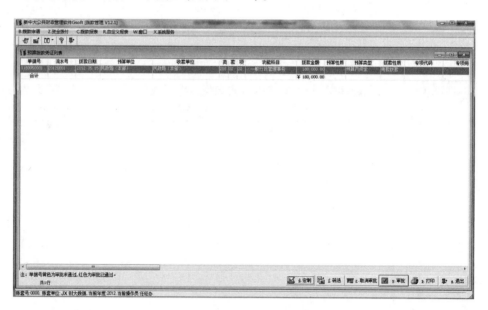

图 4 - 28 拨款凭证单据录入

由 GKK002 张玉对录入的拨款凭证进行初次审核。更换操作员，以张玉身份登录，进入软件的拨款管理系统。选择"资金拨付"→"资金拨付审批"→"单张审批"，系统弹出条件筛选窗口，选择条件后点击"确认"，系统打开待审批的"预算拨款凭证列表"对话框（见图 4 - 29）。

图 4 - 29 预算凭证拨款列表

在如图 4 - 29 所示的窗口点击"审批"，进入"预算拨款凭证"的审核窗口（见图 4 - 30）。

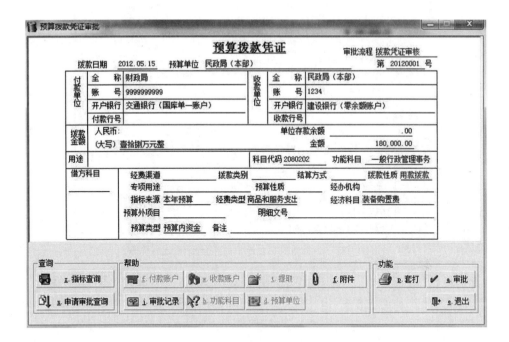

图 4 – 30　预算拨款凭证审核

在图 4 – 30 所示窗口点击"审批",完成初步审批环节。

更换操作员,以 GKK001 王娟的身份对录入的拨款凭证进行复审,审批方法同上。

(三)拨款凭证支付确认

以 GKK004 李猛的身份登录系统,选择"系统菜单"→"支出管理"→"拨款管理"进入软件的拨款管理系统。

选择"资金拨付"→"资金拨付支付确认"→"单张支付确认",弹出条件筛选窗口,选择条件后点击"确认",在弹出的"预算拨款凭证列表"界面选择需要支付确认的拨款凭证,点击"支付确认",在如图 4 – 31 所示窗口进行拨款凭证单据支付确认操作。

在图 4 – 31 中,点击"支付确认"按钮,出现如图 4 – 32 所示对话框,完成支付确认操作。

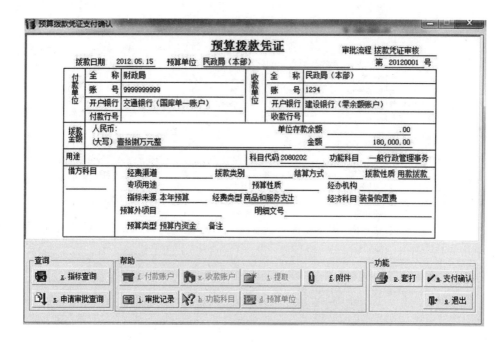

图 4 – 31 预算拨款凭证支付确认

图 4 – 32 预算拨付支付确认

（四）生成指标执行情况表

1. 系统报表

选择"拨款报表"→"拨款指标统计表"→"预算单位统计表"。预算单位统计表主要涉及单位名称、科目代码、科目名称、指标来源、指标数、拨款数、余额等（见图 4 – 33）。

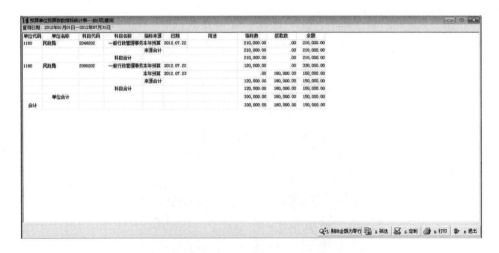

图 4 – 33　预算单位统计表

2. 报表中心

拨款执行过程需要查看执行情况时,以张玉、王娟或者李猛三人中任何一人的身份进入新中大系统,选择"系统菜单"→"报表中心"进入软件的财务报告系统。单击"自定义报表"→"拨款执行情况报表",即可打开查看该表(见图 4 – 34)。

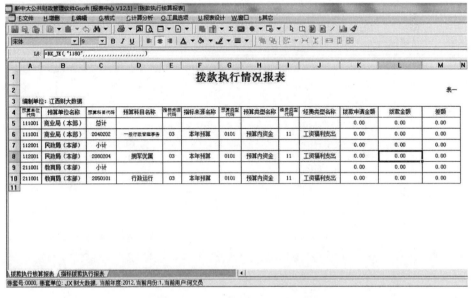

图 4 – 34　拨款执行情况报表

在"拨款执行情况报表"中，选择"计算分析"→"填充\汇总计算"（见图4-35），在弹出的"条件筛选"对话框，单击"确认"。

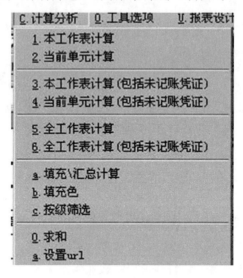

图4-35　条件筛选

第五章

国库集中支付实验

国库集中支付是指按照财政国库管理制度的要求，建立国库单一账户体系，所有财政性资金都纳入国库单一账户体系管理，收入直接缴入国库或财政专户，支出通过国库单一账户体系支付给商品和劳务供应者或用款单位。

国库集中支付系统将财政支付分为直接支付和授权支付两种方式。

第一节　国库直接支付实验

财政直接支付是国库集中支付的一种方式，是指预算单位按照部门预算和用款计划确定的资金用途提出支付申请，经财政国库执行机构审核后开出支付令，送代理银行，通过国库单一账户体系中的财政零余额账户或预算外资金支付专户，直接将财政性资金支付到收款人或收款单位账户。财政直接支付类型包括工资支出、政府采购和其他支出。

一、实验准备

针对各预算单位的预算指标已经编审并下达完毕，预算单位根据业务用途选择通过支付中心集中进行支付。

二、实验目的及要求

（1）了解政府集中支付业务流程与清算业务流程及其模式。

（2）熟练掌握新中大政府国库集中支付管理模块的软件系统操作。

三、实验流程

（1）预算单位向财政局申请用款计划。

（2）财政局国库处（科）批复预算单位分月季度用款计划。

（3）预算单位向国库支付中心提出支付申请。

（4）国库支付中心审核支付申请并录入支付凭证。

（5）国库支付中心根据代理银行支付凭证回单支付确认。

（6）国库支付中心将支付信息提交人民银行（清算凭证汇总单）。

（7）国库支付中心与国库处（科）汇报预算执行情况（预算单位财政集中支付情况明细表）。

直接支付业务流程如图5－1所示。

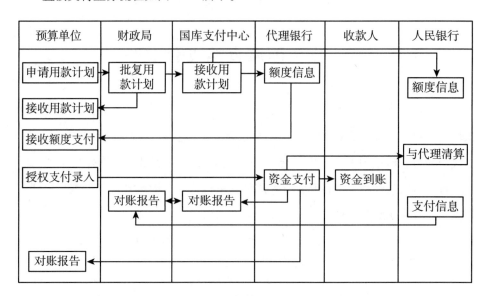

图5－1　直接支付业务流程

四、实验案例数据

例〖5-1〗是单位支付从预算科用款计划制订、预算单位支付申请录入到支付中心支付业务、国库科与支付中心清算支付过程的业务信息。

【例5-1】 预算科根据商业局全年预算指标情况，为商业局发放工资90000元，定为直接支付方式。

功能科目：2040299 其他商业支出

经济科目：30101 基本工资

经费类型：11 工资福利支出

指标来源：03 本年预算

预算类型：0101 预算内资金

经办机构：预算科

用途：工资发放

商业局工资需按时发放，特向财政局预算科提出支付申请，申请金额为90000元。

当天5点支付中心停止当天支付业务，将当天的所有支付业务，包括直接支付和授权支付的业务全部生成清算凭证，用于与国库科进行本日支付业务清算比较。

五、实验操作指导

（一）用款计划的录入及审批

首先以GKK004李猛的身份登录，进入新中大系统，选择"系统菜单"→"支出管理"→"国库集中支付"进入软件的国库集中支付系统。

注意： 用款计划也可以由预算单位完成。

选择"用款计划"→"计划录入"→"计划录入"（见图5-2），在弹出的窗口为各预算单位制订并录入用款计划。

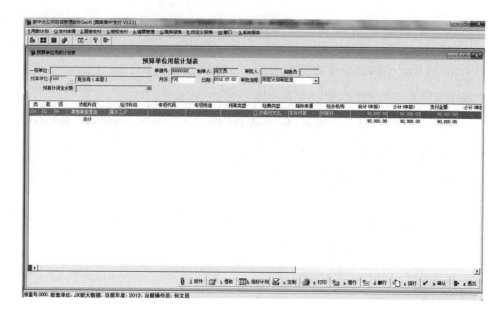

图 5-2　用款计划录入

预算单位：1101 商业局（本部）

功能科目：2040299 其他商业支出

经济科目：30101 基本工资

经费类型：11 工资福利支出

指标来源：03 本年预算

预算类型：0101 预算内资金

经办机构：预算科

支付金额：90000 元

录入完毕，点击"确认"，保存退出。

注意： 如果点击"确认"后系统弹出如图 5-3 所示的对话框，是由于在相应的指标系统内没有该单位的相关预算指标数据，一旦出现该提示，或者在"指标系统"→"下达明细指标"处录入并审核该单位相关预算数据，或者点击"是"忽略提示强行保存。

由 GKK002 张玉对录入的用款计划进行初次审核。更换操作员，以张玉身份

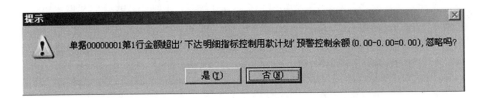

图 5 – 3 预算指标数据提示

登录，进入软件的国库集中支付系统。选择"用款计划"→"计划审批"→"单张审批"，系统弹出条件筛选窗口，选择条件后点击"确认"，系统弹出刚录入的待审批的"预算单位用款计划表"窗口（见图 5 – 4）。

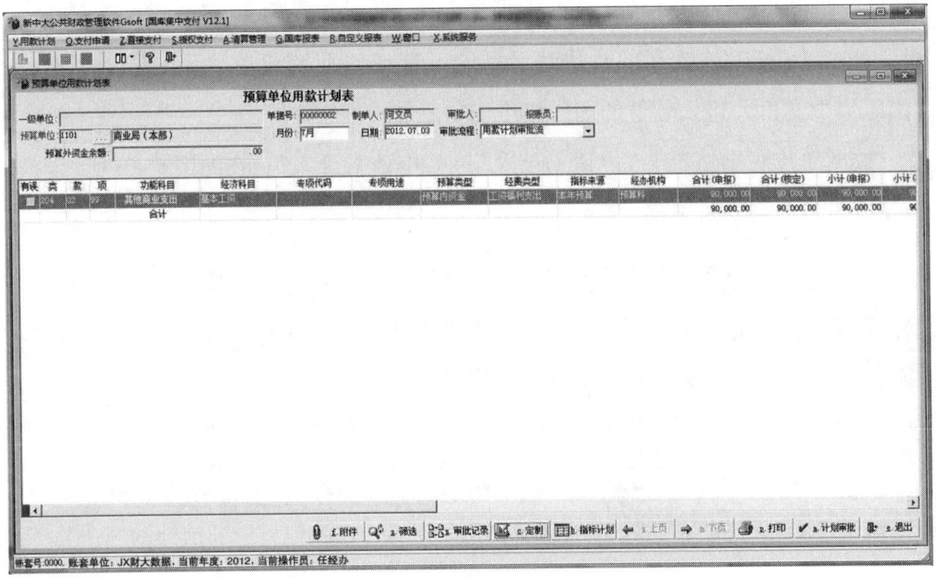

图 5 – 4 预算单位用款计划审批

在如图 5 – 4 所示的窗口点击"计划审批"，弹出"审批意见"对话框（见图 5 – 5），点击"确认"，完成初步审批环节。

更换操作员，以 GKK001 王娟的身份对录入的用款计划进行复审，审批方法同上。

图 5 – 5　审批意见

（二）支付申请的录入及审批

首先以 GKK004 李猛的身份登录系统，选择"系统菜单"→"支出管理"→"国库集中支付"进入软件的国库集中支付系统。

选择"支付申请"→"申请书录入"→"申请书录入"，在如图 5 – 6 所示窗口为预算单位填写支付申请。

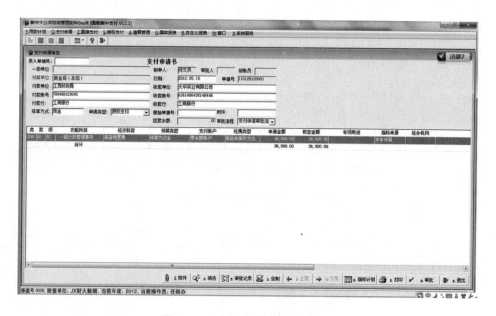

图 5 – 6　直接支付申请书录入

在如图 5 – 6 所示窗口中，先选择预算单位为"商业局（本部）"，然后点击

"提取"选择"提取自用款计划",弹出条件筛选对话框,选择条件后点击"确认",在出现的"预算单位用款计划列表"中选择刚才录入的用款计划,再点击"选择"按钮,系统即把刚才录入的用款计划信息带到支付申请界面。

点击收款单位下拉菜单,选择其他预算单位并选中"商业局(本部)",点击"确认"录入完毕,点击"确认"保存退出。

由 GKK002 张玉对录入的支付申请进行初次审核。更换操作员,以张玉身份登录,进入软件的国库集中支付系统。选择"申请书审批"→"逐张审批",系统弹出条件筛选窗口,选择条件后点击"确认",系统打开刚录入的待审批的"支付申请审批"窗口(见图5-7)。

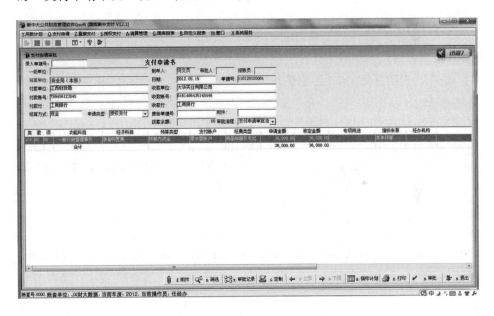

图5-7 直接支付申请审批

在如图5-7所示的窗口点击"审批",弹出"审批意见"的对话框(见图5-8),点击"确认",完成初步审批环节。

更换操作员,以 GKK001 王娟的身份对录入的支付申请进行复审,审批方法同上。

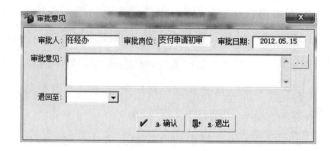

图 5 - 8　审批意见

（三）直接支付凭证的录入及审批

首先以 GKK004 李猛的身份登录系统，选择"系统菜单"→"支出管理"→"国库集中支付"进入软件的国库集中支付系统。

选择"直接支付"→"凭证录入"→"凭证录入"，在如图 5 - 9 所示窗口为预算单位填写支付凭证。

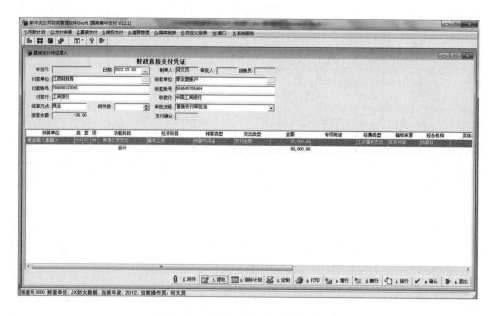

图 5 - 9　财政直接支付凭证录入

在如图 5 - 9 所示窗口，先选择预算单位为"商业局（本部）"，然后点击

"提取"选择"提取自支付申请",弹出"查询时间范围"条件窗口,选择时间范围后点击"确认",出现如图 5 – 10 所示的"选择单据"列表。选择刚才录入的支付申请,点击"确认"按钮,系统即把刚才录入的支付申请信息带到直接支付界面。

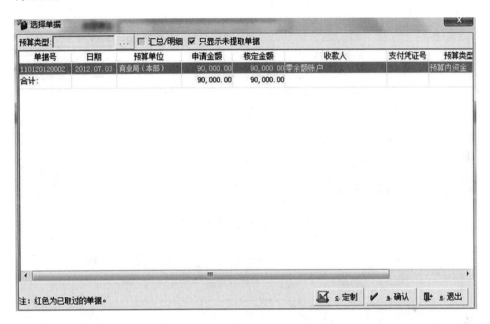

图 5 – 10 条件窗口选择

录入完毕,点击"确认",保存退出。

由 GKK002 张玉对录入的直接支付进行初次审核。更换操作员,以张玉身份登录,进入软件的国库集中支付系统。选择"直接支付"→"凭证审核"→"逐张审批",系统弹出条件筛选窗口,选择条件后点击"确认",系统打开刚录入的待审批的"直接支付凭证审批"窗口(见图 5 – 11)。

在如图 5 – 11 所示窗口点击"凭证审批",弹出"审批意见"对话框(见图 5 – 12),点击"确认",完成初步审批环节。

更换操作员,以 GKK001 王娟的身份对录入的直接支付进行复审,审批方法同上。

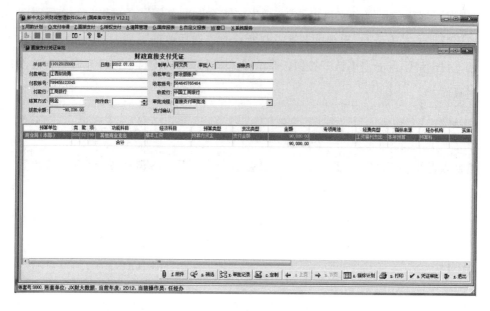

图 5 – 11　直接支付凭证审批

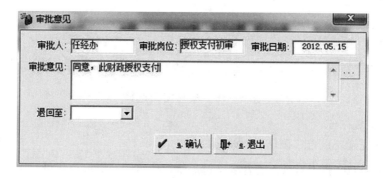

图 5 – 12　凭证审批意见窗口

（四）直接支付凭证的支付确认

由 GKK001 王娟对录入的直接支付进行单位支付确认，同时也包括为银行的支付确认操作。

更换操作员为王娟身份登录，进入软件的国库集中支付系统。选择"直接支付"→"支付确认"→"单张支付确认"，系统弹出条件筛选窗口，选择条件后点击"确认"，系统打开刚审核完毕的待确认的"直接支付凭证支付确认"窗口（见图 5 – 13）。

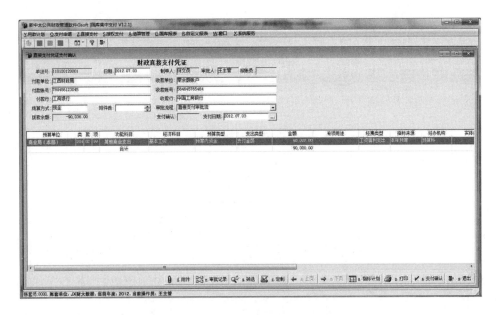

图 5 – 13 财政直接支付凭证确认

在如图 5 – 13 所示窗口，点击"支付确认"，完成对该笔直接支付业务的单位支付确认工作。

选择"直接支付"→"银行确认"→"支付确认"，系统弹出条件筛选窗口，选择条件后点击"确认"，系统打开刚由单位确认完毕的待银行确认的"直接支付凭证银行支付确认"窗口。

选择好刚才单位支付确认的那条直接支付凭证，再点击"支付确认"，系统提示"银行支付确认成功！"即完成该笔直接支付凭证的银行支付确认操作（见图 5 – 14）。

（五）清算凭证的录入及审批

首先以 GKK004 李猛的身份登录系统，选择"系统菜单"→"支出管理"→"国库集中支付"进入软件的国库集中支付系统。

选择"清算管理"→"凭证录入"，在如图 5 – 15 所示窗口录入用于国库科与支付中心对账的支付清算凭证。

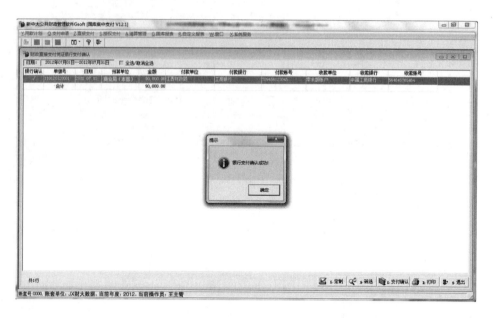

图 5-14　直接支付凭证银行支付确认

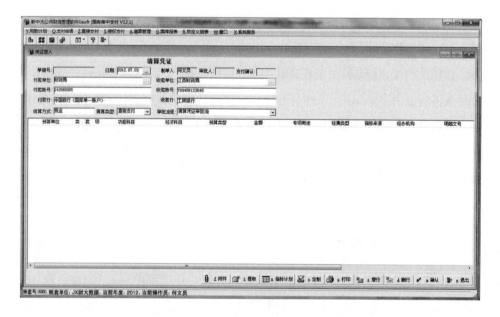

图 5-15　支付清算凭证录入

在如图 5-15 所示窗口点击"提取",选择"提取自支付申请"及"提取自直接支付凭证",弹出条件筛选对话框(见图 5-16)。

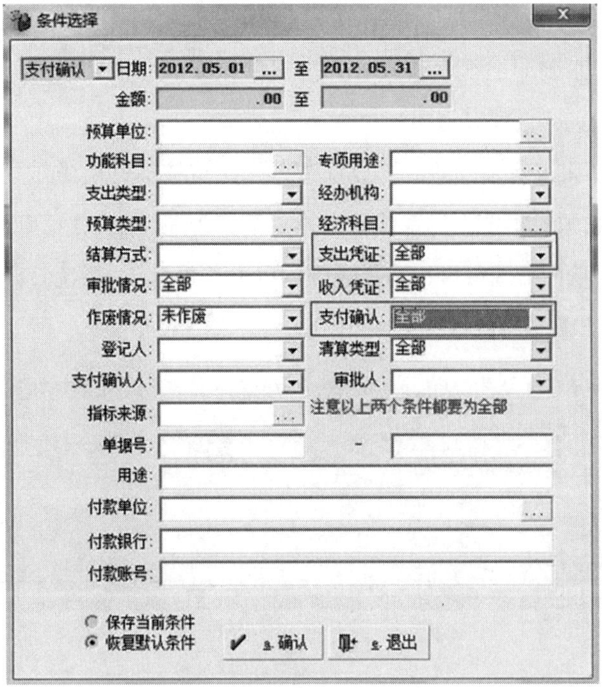

图 5 – 16　提取自直接支付条件筛选

在如图 5 – 16 所示对话框中，将支出凭证和支付确认对应选项改为"全部"，点击"确认"，出现"选择单据"列表（见图 5 – 17）。

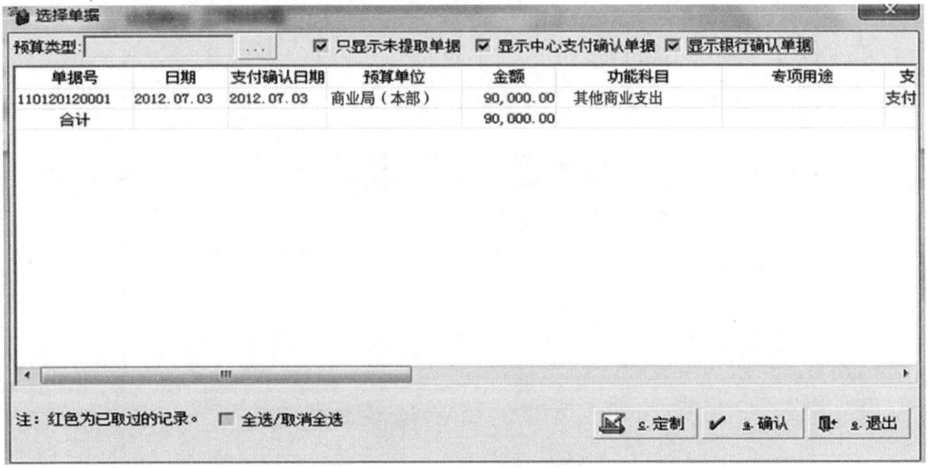

图 5 – 17　单据选择

在"显示银行确认单据"前打钩,选择刚才确认的直接支付凭证,再点击"确认"按钮,系统即把刚才录入的直接支付凭证信息带到清算凭证界面。录入完毕,点击"确认",保存退出。

由 GKK002 张玉对录入的清算凭证进行初次审核。更换操作员为张玉身份登录,进入软件的国库集中支付系统。选择"清算管理"→"凭证审核"→"逐张审批",系统弹出条件筛选窗口,选择条件后点击"确认",系统打开刚录入的待审批的"清算凭证审批"窗口(见图5-18)。

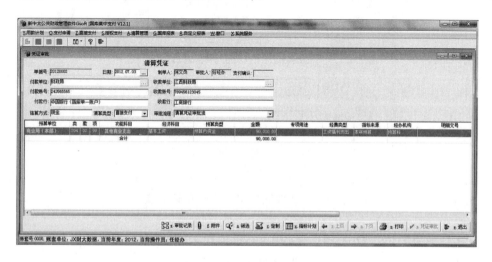

图5-18 清算凭证审批

在如图5-18所示窗口点击"凭证审批",弹出"审批意见"对话框(见图5-19),点击"确认",完成初步审批环节。

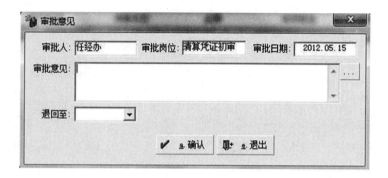

图5-19 审批意见

更换操作员，以 GKK001 王娟的身份对录入的清算凭证进行复审，审批方法同上。

（六）清算凭证的支付确认

由王娟对录入的当天或一段时间内的清算凭证进行最终支付确认。更换操作员为王娟身份登录，进入软件的国库集中支付系统。选择"清算管理"→"支付确认"，系统弹出条件筛选窗口，选择条件后点击"确认"，系统打开刚审核完毕待确认的"清算凭证支付确认"窗口（见图 5 – 20），点击"支付确认"，完成对清算业务的支付确认工作。

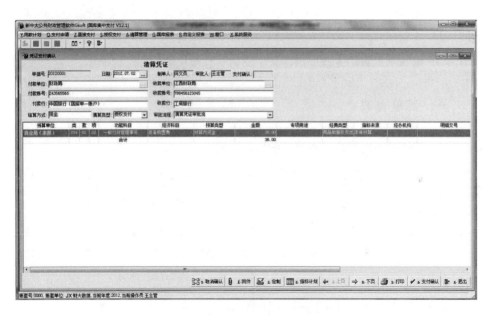

图 5 – 20　清算凭证支付确认

第二节　国库授权支付实验

财政授权支付是国库集中支付的一种方式，预算单位按照财政部门的授权，自行向代理银行签发支付指令，代理银行根据支付指令，在财政部门批准的预算单位的用款额度内，通过国库单一账户体系将资金支付到收款人账户。财政授权支付的范围为：未纳入工资支出、工程采购支出、货物和服务采购支出管理的购买支出和零星支出。

一、实验准备

针对各预算单位的预算指标已经编审并下达完毕，预算单位根据业务用途选择通过支付中心集中进行支付。

二、实验目的及要求

（1）了解政府集中支付业务流程与清算业务流程及其模式。

（2）熟练掌握新中大政府国库集中支付管理模块的软件系统操作。

三、实验流程

（1）预算单位向财政局申请月度用款计划。

（2）国库中心将授权额度提交代理行及中国人民银行（授权支付额度通知单）。

（3）预算单位接收代理银行到账通知书（下达额度查询表）。

（4）预算单位在额度内填写支付凭证。

（5）国库中心定期向国库处（科）报送支付报告（预算单位财政集中支付情况明细表）。

财政授权支付业务流程如图 5 – 21 所示。

预算科根据商业局全年预算指标情况，为商业局制订下月用款计划 60000 元，定为授权支付方式。

功能科目：2040202 一般行政管理事务

预算类型：0101 预算内资金

指标来源：03 本年预算

经费类型：13 商品和服务支出

经济科目：30219 装备购置费

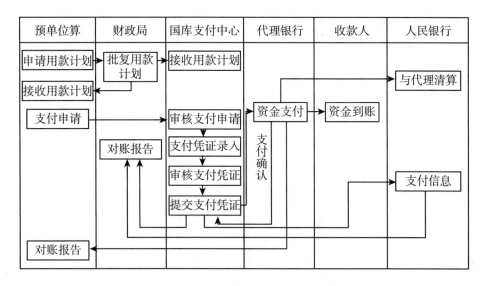

图 5 - 21 财政授权支付业务流程

商业局为日常办公需要,现需采购工作装备 30 套。每套工作装备的市场价为 1200 元,特向财政局预算科提出支付申请,申请金额为 36000 元。

财政局经过审核,认为采购数量合理,同意支付中心以授权方式支付。

商业局采购装备之后,将报销凭证提交支付中心,支付中心受理该支付需求,以授权支付方式将该笔采购给予报销,金额为 36000 元。

当天 5 点支付中心停止当天支付业务,将当天的所有支付业务,包括直接支付和授权支付的业务全部生成清算凭证,用于与国库科进行本日支付业务清算比较。

(一) 用款计划的录入及审批

首先以 GKK004 李猛的身份登录,进入新中大系统,选择"系统菜单"→"支出管理"→"国库集中支付"进入软件的国库集中支付系统。

注意: 用款计划也可以由预算单位完成。

选择"用款计划"→"计划录入"→"计划录入",在如图 5 - 22 所示窗口为各预算单位制订并录入用款计划。

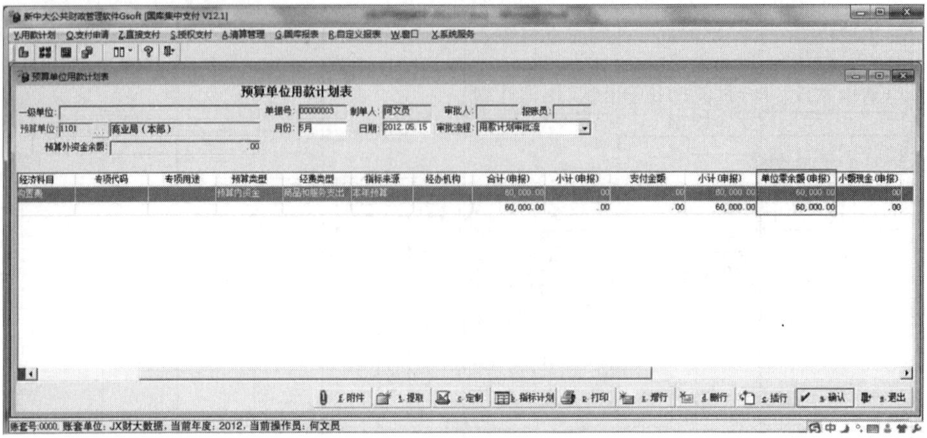

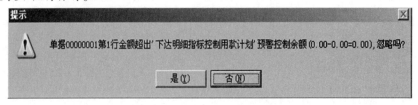

图 5 - 22　用款计划录入

预算单位：1101 商业局（本部）

功能科目：2040202 一般行政管理事务

经济科目：30219 装备购置费

预算类型：0101 预算内资金

经费类型：13 商品和服务支出

指标来源：03 本年预算

单位零余额（申报）：60000 元

录入完毕，点击"确认"，保存退出

注意：如果点击"确认"，系统弹出如图 5 - 23 所示的对话框，是由于在相应的指标系统内没有该单位的相关预算指标数据，一旦出现该提示，或者在"指标系统"→"下达明细指标"处录入并审核该单位相关预算数据，或者点击"是"忽略提示强行保存。

图 5 - 23　预算指标数据提示

由 GKK002 张玉对录入的用款计划进行初次审核。更换操作员为张玉身份登录，进入软件的国库集中支付系统。选择"用款计划"→"计划审批"→"单张审批"，系统弹出条件筛选窗口，选择条件后点击"确认"，系统打开刚录入待审批的"预算单位用款计划表"窗口（见图 5 – 24）。

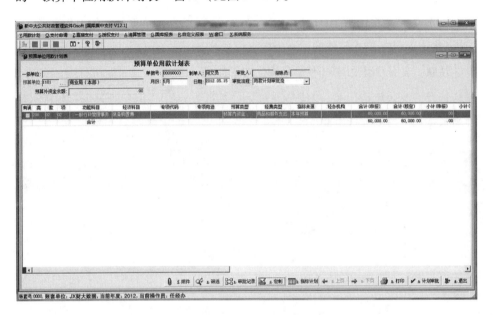

图 5 – 24 预算单位用款计划审批

在如图 5 – 24 所示窗口点击"计划审批"，弹出"审批意见"对话框，如图 5 – 25 所示。

图 5 – 25 审批意见

在如图 5 – 25 所示对话框点击"确认"，完成初步审批环节。

更换操作员，以 GKK001 王娟的身份对录入的用款计划进行复审，审批方法同上。

（二）支付申请的录入及审批

首先以 GKK004 李猛的身份登录系统，选择"系统菜单"→"支出管理"→"国库集中支付"进入软件的国库集中支付系统。

注意： 支付申请也可以由预算单位完成。

选择"支付申请"→"申请书录入"→"申请书录入"，在如图 5 - 26 所示窗口为预算单位填写支付申请。

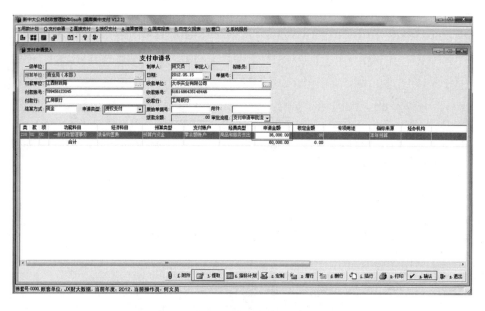

图 5 - 26　授权支付申请书录入

在如图 5 - 26 所示窗口，先选择预算单位为"商业局（本部）"，再将申请类型改为"授权支付"，点击"提取"，选择"提取自用款计划"，弹出条件筛选窗口，选择条件后点击"确认"，在出现的"预算单位用款计划列表"选择刚才录入的用款计划，再点击"选择"按钮，系统即把刚才录入的用款计划信息带到支付申请界面。然后修改申请金额，从默认的 60000 元改为 36000 元，选择收款单位为本地的"大华实业有限公司"，录入完毕，点击"确认"，保存退出。

由 GKK002 张玉对录入的支付申请进行初次审核。更换操作员为张玉身份登录，进入软件的国库集中支付系统。选择"申请书审批"→"逐张审批"，系统弹出条件筛选窗口，选择条件后点击"确认"，系统打开刚录入的待审批的"支付申请审批"窗口（见图 5 - 27）。

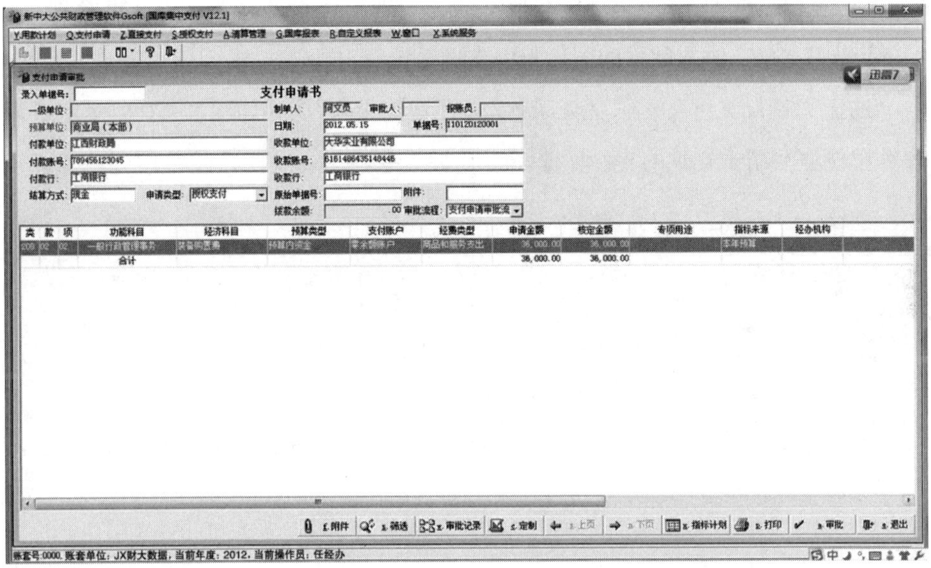

图 5 - 27 支付申请审批

在如图 5 - 27 所示窗口点击"审批"，弹出"审批意见"对话框（见图 5 - 28）。点击"确认"，完成初步审批环节。

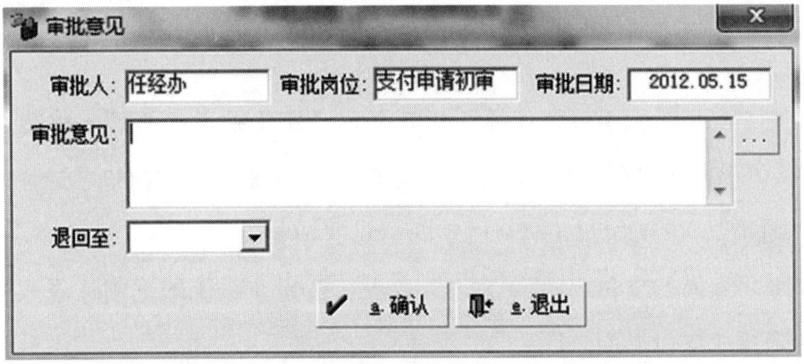

图 5 - 28 审批意见

更换操作员，以 GKK001 王娟的身份对录入的支付申请进行复审，审批方法
同上。

（三）授权支付凭证的录入及审批

首先以 GKK004 李猛的身份登录系统，选择"系统菜单"→"支出管理"→
"国库集中支付"进入软件的国库集中支付系统。

选择"授权支付"→"凭证录入"→"凭证录入"，在如图 5 - 29 所示窗口为
预算单位填写用于支付的支付凭证。

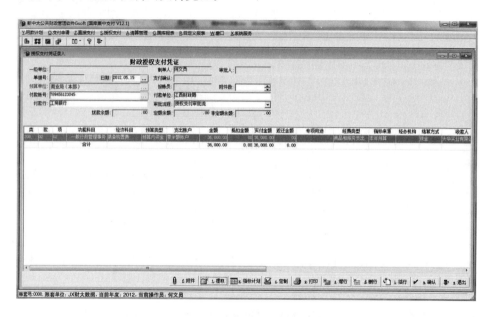

图 5 - 29　财政授权支付凭证录入

在如图 5 - 29 所示窗口，选择预算单位为"商业局（本部）"，然后点击"提
取"，选择"提取自支付申请"，弹出"查询时间范围"条件窗口，选择时间范围
后点击"确认"，出现如图 5 - 30 所示的"选择单据"对话框。

选择刚才录入的支付申请，点击"确认"按钮，系统即把刚才录入的支付申
请信息带到授权支付界面。

录入完毕，点击"确认"，保存退出。

由 GKK002 张玉对录入的授权支付进行初次审核。更换操作员为张玉身份登

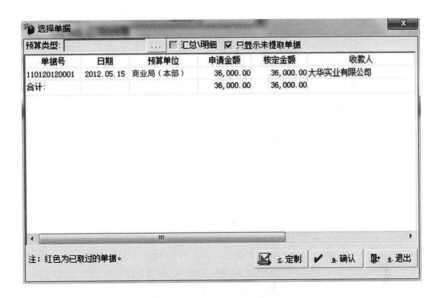

图 5 – 30 选择单据列表

录，进入软件的国库集中支付系统。选择"授权支付"→"凭证审核"→"逐张审批"，系统弹出条件筛选窗口，选择条件后点击"确认"，系统打开刚录入的待审批的"授权支付凭证审批"窗口（见图 5 – 31）。

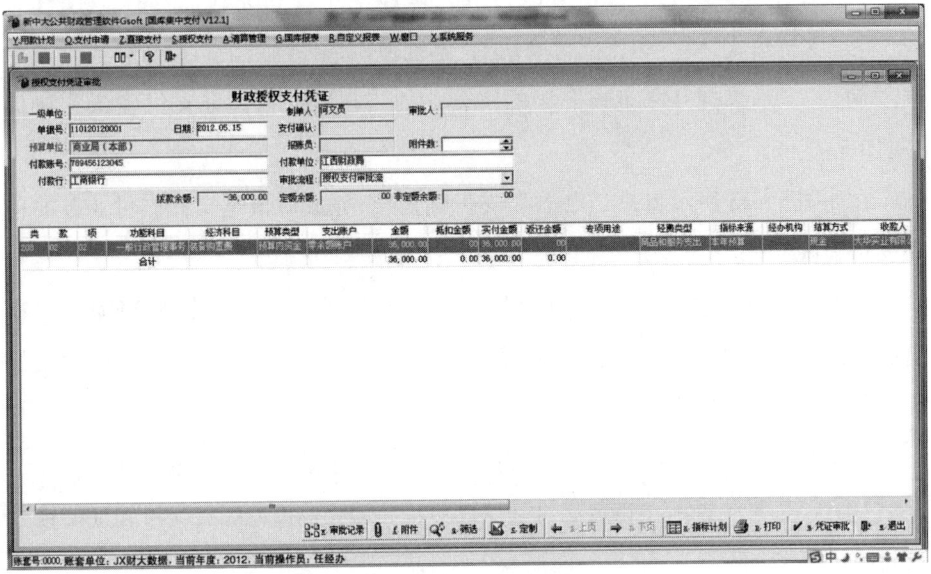

图 5 – 31 授权支付凭证审批

在如图 5 - 31 所示窗口点击"凭证审批",弹出"审批意见"的对话框（见图 5 - 32），点击"确认",完成初步审批环节。

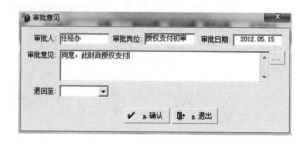

图 5 - 32   审批意见

更换操作员,以 GKK001 王娟的身份对录入的授权支付进行复审,审批方法同上。

（四）授权支付凭证的支付确认

由 GKK001 王娟对录入的授权支付进行单位支付确认,同时也包括为银行的支付确认操作。

更换操作员,以王娟身份登录,进入国库集中支付系统。选择"授权支付"→"支付确认"→"单张支付确认",系统弹出条件筛选窗口,选择条件后点击"确认",系统打开刚审核完毕的待确认的"授权支付凭证支付确认"窗口（见图 5 - 33）。

在如图 5 - 33 所示窗口,点击"支付确认",完成对该笔授权支付业务的单位支付确认工作。

选择"授权支付"→"银行确认"→"支付确认",系统弹出条件筛选窗口,选择条件后点击"确认",系统打开该单位确认完毕的待银行确认的"财政授权支付凭证银行支付确认"窗口（见图 5 - 34）。

在如图 5 - 34 所示窗口选择刚才单位支付确认的那条授权支付凭证,再点击"支付确认",系统提示"银行支付确认成功!",即完成该笔授权支付凭证的银行支付确认操作。

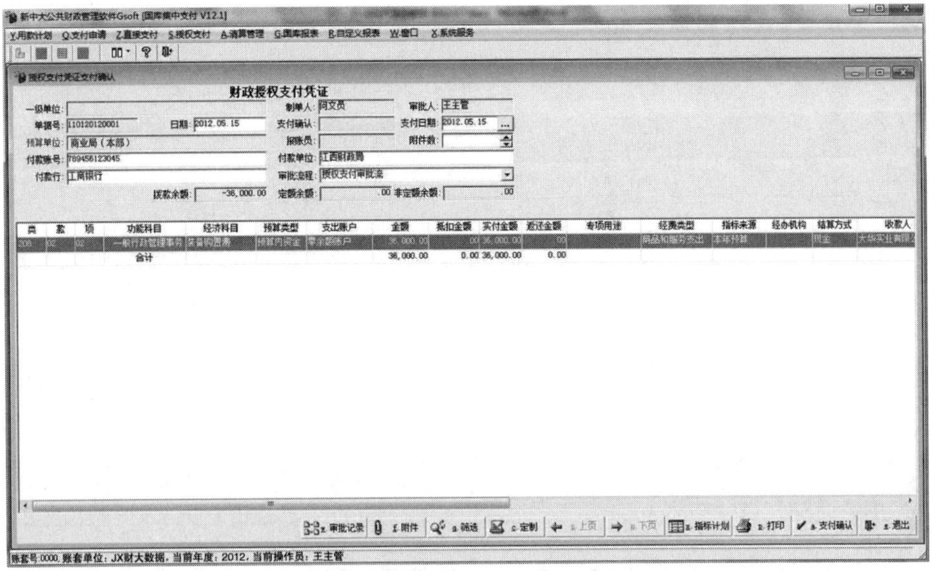

图 5 – 33 授权支付凭证支付确认

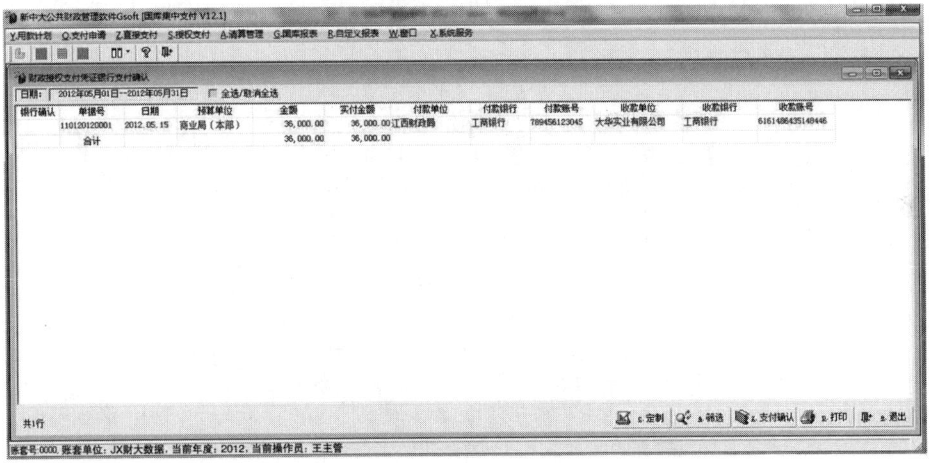

图 5 – 34 财政授权支付凭证银行支付确认

（五）清算凭证的录入及审批

首先以 GKK004 李猛的身份登录系统，选择"系统菜单"→"支出管理"→"国库集中支付"进入软件的国库集中支付系统。

选择"清算管理"→"凭证录入"，在如图 5 – 35 所示窗口录入用于国库科与支付中心对账的支付清算凭证。

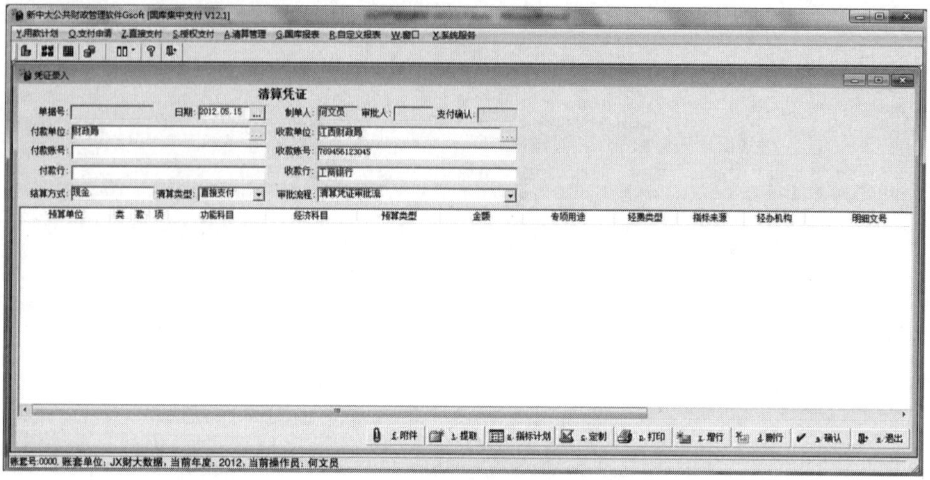

图 5 –35　支付清算凭证录入

在如图 5 – 35 所示窗口，点击"提取"，选择"提取自授权支付凭证"，弹出条件筛选对话框（见图 5 – 36）。

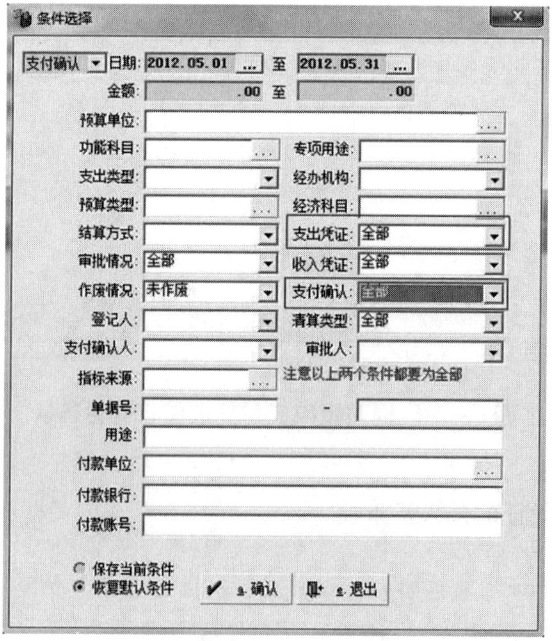

图 5 –36　提取自授权支付条件筛选

在如图 5 - 36 所示对话框中,将支出凭证和支付确认对应选项改为"全部",点击"确认",出现如图 5 - 37 所示的"选择单据"对话框。

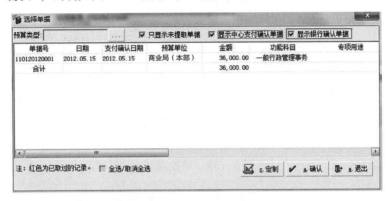

图 5 - 37　单据选择

在"显示银行确认单据"前打钩,选择刚才确认的授权支付凭证,点击"确认",系统即把刚才录入的授权支付凭证信息带到清算凭证界面。

录入完毕,点击"确认",保存退出。

由 GKK002 张玉对录入的清算凭证进行初次审核。更换操作员为张玉身份登录,进入软件的国库集中支付系统。选择"清算管理"→"凭证审核"→"逐张审批",系统弹出条件筛选窗口,选择条件后点击"确认",系统打开刚录入的待审批的"清算凭证审批"窗口(见图 5 - 38)。

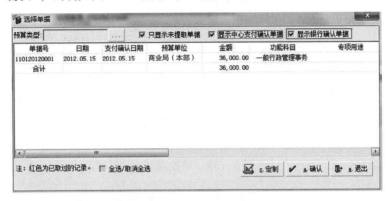

图 5 - 38　清算凭证审批

在如图 5 - 38 所示窗口点击"凭证审批",弹出"审批意见"对话框(见图 5 - 39),点击"确认",完成初步审批环节。

图 5 - 39　审批意见

更换操作员,以 GKK001 王娟的身份对录入的清算凭证进行复审,审批方法同上。

(六)清算凭证的支付确认

由 GKK001 王娟对录入的当天或一段时间内的清算凭证进行最终支付确认,更换操作员为王娟身份登录,进入软件的国库集中支付系统。选择"清算管理"→"支付确认",系统弹出条件筛选窗口,选择条件后点击"确认",系统打开刚审核完毕的待确认的"清算凭证支付确认"窗口(见图 5 - 40),点击"支付确认",完成对清算业务的支付确认工作。

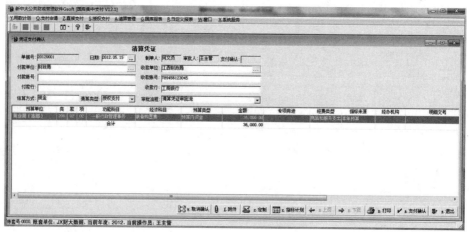

图 5 - 40　清算凭证支付确认

（七）生成指标执行情况表

目前的报表主要分为系统报表及报表中心——自定义报表，下面分别做介绍。

1. 系统报表

（1）指标国库执行情况分析表。此报表可以根据自身内容需求设定查询显示内容，如图5-41、图5-42所示。

图5-41　条件选择

（2）清算凭证汇总单。此报表可以用于国库支付中心将支付信息汇总提交中国人民银行进行清算（见图5-43）。路径："清算管理"→"清算凭证汇总单"。

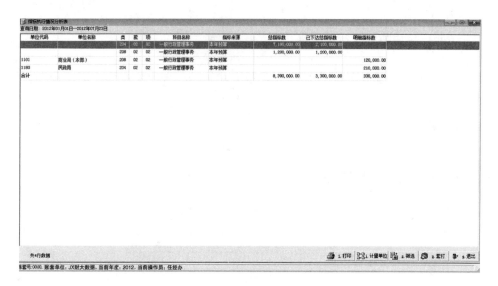

图 5-42　查询内容

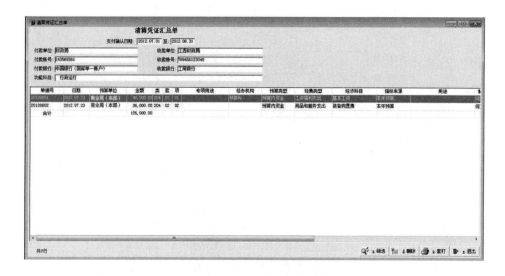

图 5-43　清算凭证汇总单

（3）预算单位财政集中支付情况明细表。此报表可以用于国库支付中心与国库处（科）汇报预算执行情况或国库支付中心定期向国库处（科）报送支付报告。路径："国库报表"→"财政支出报表"→"财政资金支出明细表"→"预算单位财政集中支付情况明细表"。

（4）授权支付额度通知单（明细）。此报表可以用于国库支付中心将授

权额度提交代理行及中国人民银行（见图5-44）。路径："额度通知单"→
"明细"。

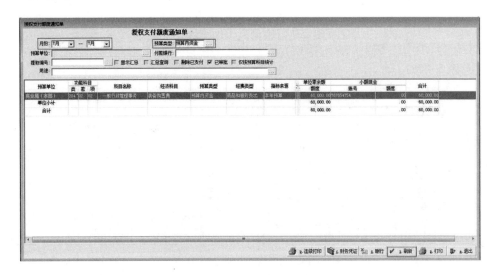

图 5-44 授权支付额度通知单

（5）下达额度查询表。此报表可以用于预算单位接收代理银行的到账通知书
（见图5-45）。路径："额度通知单"→"授权额度查询"。

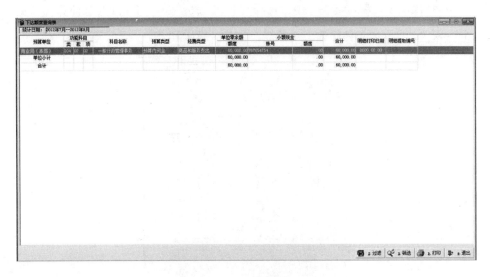

图 5-45 下达额度查询表

2. 报表中心

国库集中支付执行过程需要查看执行情况时，以何花、王娟或者李猛三人中任何一人的身份进入新中大系统，选择"系统菜单"→"报表中心"，进入软件的财务报告系统。单击"自定义报表"→"国库支付核算报表"，即可打开查看该表（见图 5 – 46）。

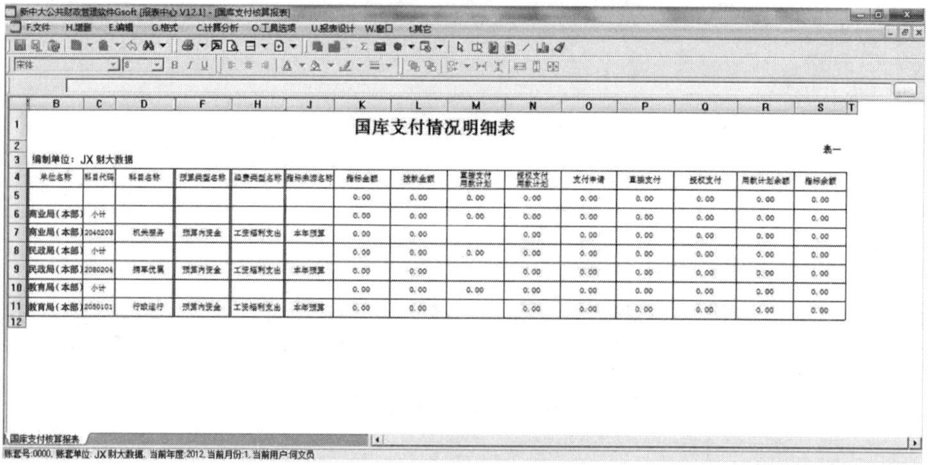

图 5 – 46　国库支付核算报表

在"国库支付核算报表"中，选择"计算分析"→"填充\汇总计算"（见图 5 – 47），弹出"条件筛选"对话框，单击"确认"。

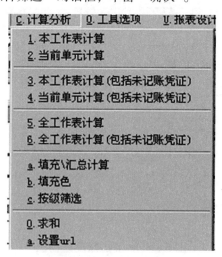

图 5 – 47　条件筛选

选择"文件"→"转换 Excel 输出",在弹出的对话框中单击"确认"按钮,选择文件保存路径,点击"确认",出现提示框"全部转换需较长时间,确认吗?",单击"是",即可生成一份 Excel 格式的国库支付核算报表。

第六章

政府采购实验

政府采购系统将政府采购预算指标转入系统内作为采购控制指标，具备政府采购计划编制、招投标情况、采购合同管理、资金支付情况等功能。

第一节　政府采购业务流程

一、政府采购系统流程

（1）财政局采购处（科）根据预算单位的采购申请注册采购项目或通过年初预算导入。

（2）财政局采购处根据采购预算制订采购计划并提交采购中心审核。

（3）采购中心审核采购处提交的采购计划并发布采购通知至各个政府采购渠道。

（4）采购中心组织实施采购，包括招标过程管理、标书管理、评标过程管理等。

（5）采购中心根据招投标过程最终确定中标单位。

（6）采购中心与中标供应商签订采购合同。

（7）采购中心根据采购合同的规定进行履约管理活动。

（8）采购处（科）协同相关部门机构进行采购验收，对于重要的合同，采购中心组织验收工作。

（9）国库支付中心提取采购支付申请单并走直接支付流程。

政府采购系统流程如图6-1所示。

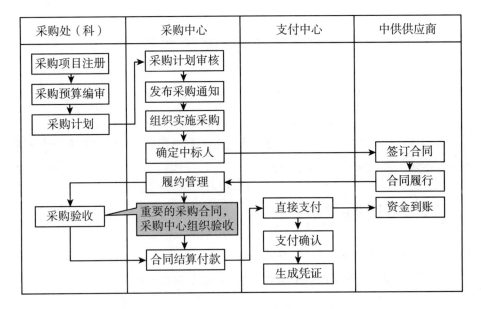

图6-1 政府采购系统流程

二、政府采购实验基本内容

根据实验资料，需要利用新中大政府采购系统完成的基本内容如下：

（1）政府采购项目注册流程；

（2）政府采购预算流程；

（3）政府采购计划流程；

（4）政府采购通知流程；

（5）政府采购招标过程管理流程；

（6）政府采购标书管理流程；

（7）政府采购评标过程流程；

（8）政府采购中标管理流程；

（9）政府采购合同流程；

（10）政府采购执行流程；

（11）政府采购支付流程；

（12）政府采购验收流程。

第二节　政府采购实验

一、实验准备

采购预算金额指标已经下达批复，作为采购控制指标，采购预算金额大于采购指标金额，系统将不允许进行采购。

二、实验目的及要求

（1）了解政府采购业务流程及其模式。

（2）熟练掌握新中大政府采购管理模块的软件系统操作。

三、实验案例数据

【例6-1】民政局为日常办公需要，需采购台式电脑30台，此次采购纳入政府采购。台式电脑的市场价为每台6000元，政府集中采购价为每台5000元，支付时预留10%作为验收交付金。

【例6-2】针对学校安全保卫不断加强的需要，保卫处需要增加办公用小轿车20辆，纳入政府采购。小轿车的市场价为每辆16万元，政府集中采购价为每辆15万元。

四、实验操作指导

（一）政府采购项目注册录入

首先以CGY001刘明的身份登录新中大公共财政管理软件，选择"预算管理"→"预算项管理"（见图6-2）。

图6-2 政府采购管理入口

进入新中大系统预算项管理的界面，单击"政府采购"→"采购管理"，打开"采购管理"窗口（见图6-3）。

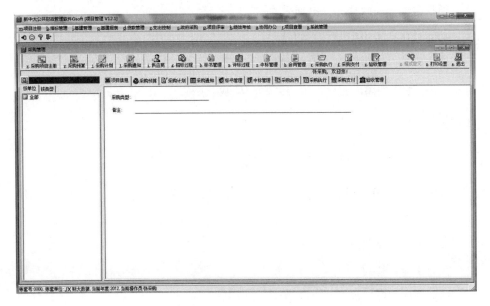

图6-3 采购管理

进入政府采购管理模块后先进行采购项目注册，点击"采购项目注册"选择"新增"（见图6-4）。

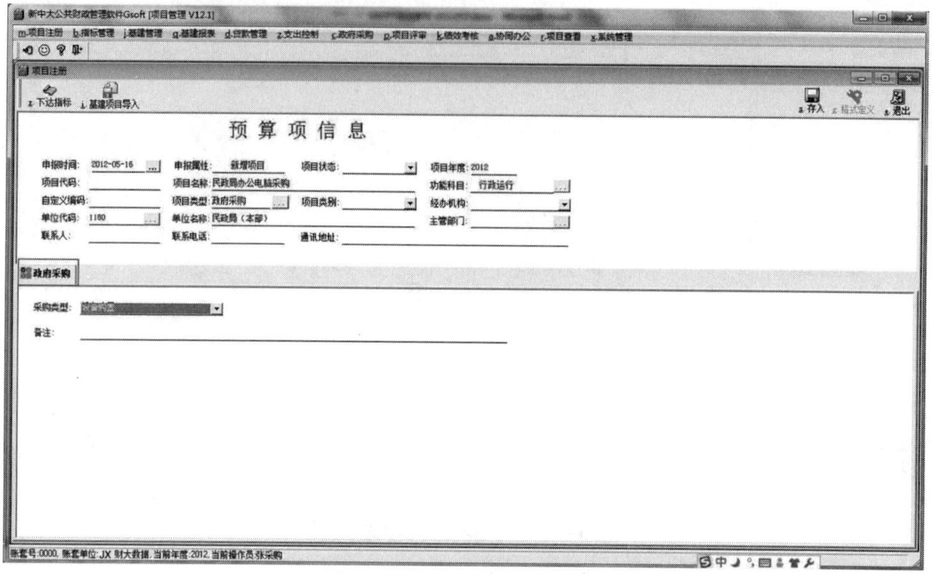

图6-4　采购项目注册

项目名称：民政局办公电脑采购

功能科目：2080201 行政运行

单位代码：1180 民政局（本部）

点击"政府采购"，选择采购类型：02 设备购置。

录入完毕，点击"存入"，保存退出。

（二）政府采购预算的录入及审批阶段

首先以 CGY001 刘明身份登录新中大系统"采购管理"窗口，单击"采购预算"→"新增"，打开"采购预算录入"窗口（见图6-5）。

采购单位：民政局（本部）

行业属性：行政

项目名称：民政局办公电脑采购

专项用途：办公用品购置

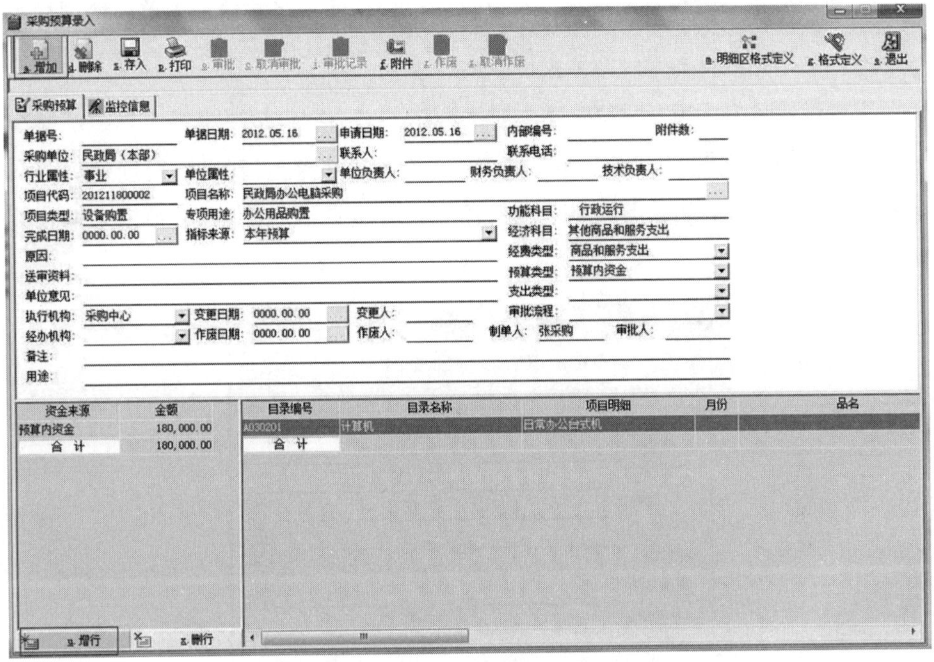

图 6-5 采购预算录入

功能科目：2080201 行政运行

指标来源：03 本年预算

经济科目：310002 办公设备购置

经费类型：14 其他资本性支出

预算类型：0101 预算内资金

执行机构：采购中心

然后点击"增行"，在"资金来源"选择"预算内资金"，金额为 180000 元。

点击"增加"，选择"A030201 计算机"。

项目明细：日常办公台式机；数量：30；单位：台；单价：6000；市场价：

6000。

采购方式：公开招标

组织形式：集中采购

单击左上角的"存入"按钮，系统弹出"生成单据号"对话框，点击"确认"完成第一笔采购预算的录入。系统自动出现新的一张空白录入单,按同样方法输入民政局采购台式电脑的明细信息。

更换操作员后,由 GKK002 张玉对采购预算录入进行初次审核。单击"政府采购"→"采购管理",点击"采购预算",选择"列表",弹出"条件筛选"对话框(见图6-6)。如果需要显示所有单据,直接点击"确认",弹出采购预算列表窗口。

图6-6　条件筛选

在弹出的"采购预算列表"窗口(见图6-7)选中需要审批的条目,点击"审批"按钮,弹出"采购预算审批"窗口。

张玉审阅"采购预算审批"窗口(见图6-8),若发现不符合要求的数据,直接进行修改,然后点击"审批"按钮。

因为启用审批流程,系统会弹出"审批意见"对话框(见图6-9)。

录入审批意见,点击"确认"完成单据审批。

更换操作员,以 GKK001 王娟的身份对采购预算录入进行复审,审批方法同上。

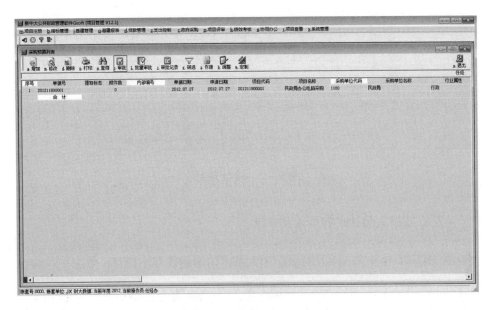

图 6 - 7　采购预算列表

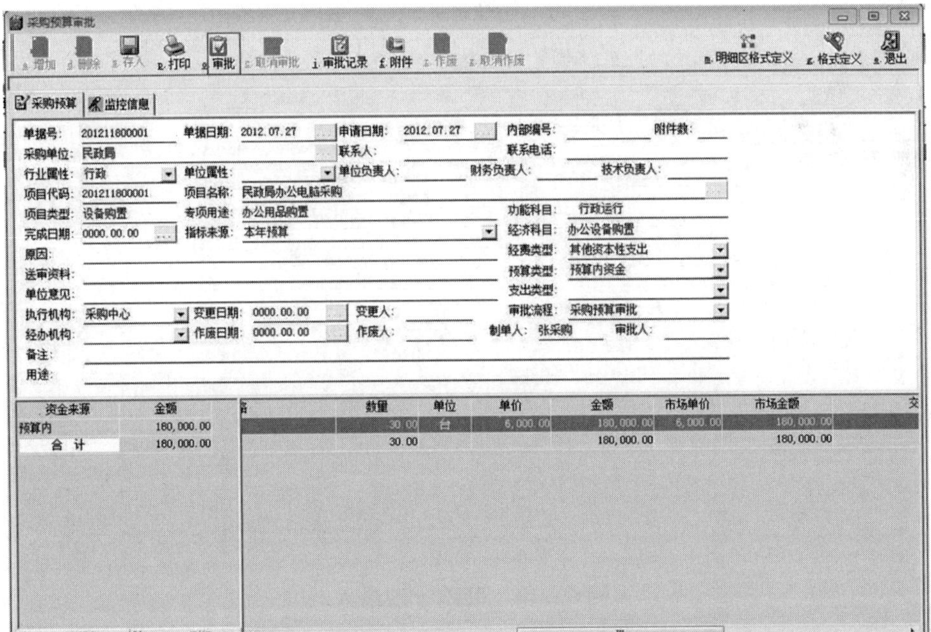

图 6 - 8　采购预算审批

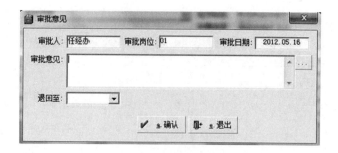

图 6 – 9　审批意见

（三）政府采购计划的录入及审批

首先以 CGY001 刘明身份登录新中大系统"采购管理"窗口，单击"采购计划"→"新增"，打开"采购计划和方式申请录入"窗口（见图 6 – 10）。

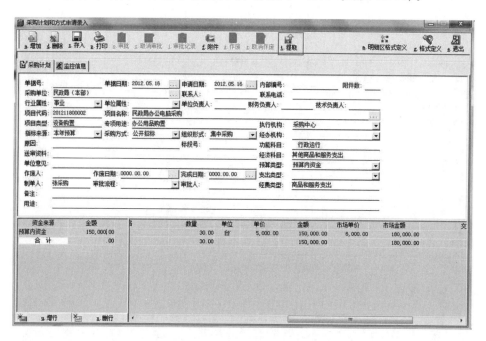

图 6 – 10　采购计划录入

点击右上角"提取"，系统弹出条件筛选对话框，选择相应条件后，点击"确认"，系统弹出"预算单据选择"对话框（见图 6 – 11）。

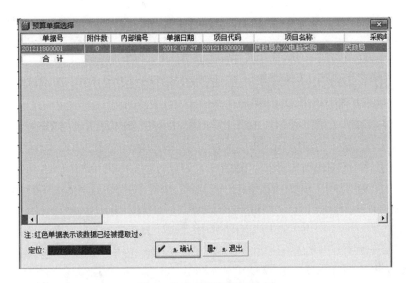

图 6 – 11 预算单据选择

选择需要提取的采购预算单据，此处需要手工填写"资金来源"，金额为150000元，与项目明细金额一致。单价改为5000元，与资金预算金额一致，点击"存入"按钮，保存生成的单据，点击"确定"（见图6 – 12）。

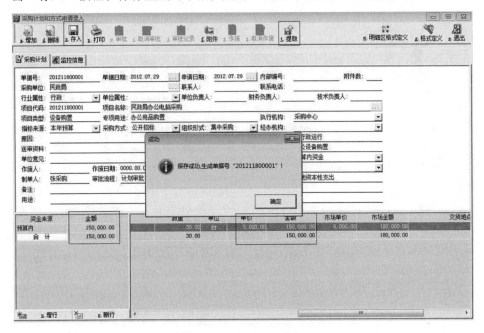

图 6 – 12 采购计划提取

更换操作员后，由 GKK002 张玉对采购计划录入进行初次审核。

单击"政府采购"→"采购管理"，点击"采购计划"，选择"列表"，在弹出的"采购计划列表"（见图 6-13）选择需要审批的单据，单击"审批"，弹出"采购计划和方式申请审批"窗口。

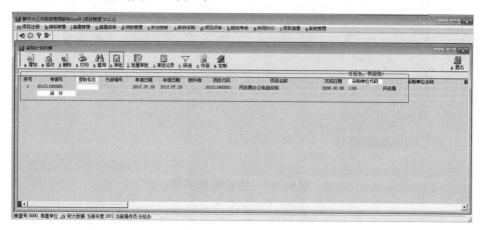

图 6-13　采购计划列表

在采购计划和方式申请审批窗口（见图 6-14），审阅采购计划详细情况，然后点击"审批"按钮，系统弹出"审批意见"对话框，填写审批意见，"确认"退出。

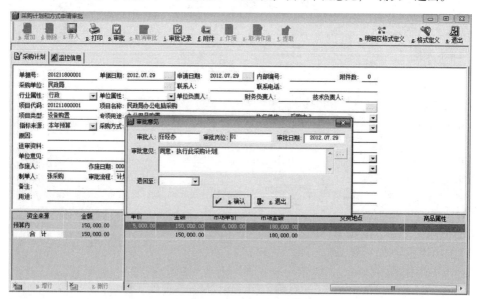

图 6-14　采购计划审批

更换操作员，以 GKK001 王娟的身份对采购计划录入进行复审，审批方法同上。

（四）政府采购通知的录入及审批

首先以 CGY001 刘明的身份登录新中大系统"采购管理"窗口，单击"采购通知"→"新增"，打开"采购通知录入"窗口（见图 6 – 15）。

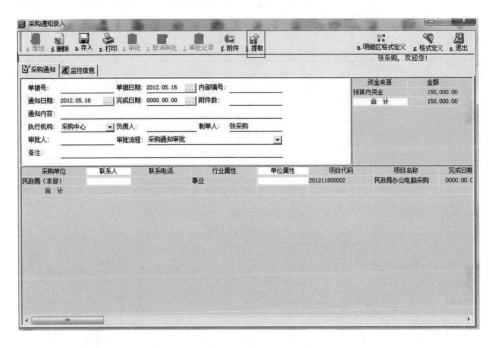

图 6 – 15　采购通知录入

点击右上角"提取"，系统弹出条件筛选框，选择相应条件后，点击"确认"，系统自动提取采购计划，此时需要手工选择执行机构"采购中心"，然后点击"存入"按钮，完成保存。

更换操作员后，由 GKK002 张玉对采购通知录入进行初次审核。

单击"政府采购"→"采购管理"，点击"采购通知"，选择"列表"，在弹出的"采购通知列表"（见图 6 – 16）选择需要审批的单据，单击"审批"，弹出"采购通知审批"窗口（见图 6 – 17）。

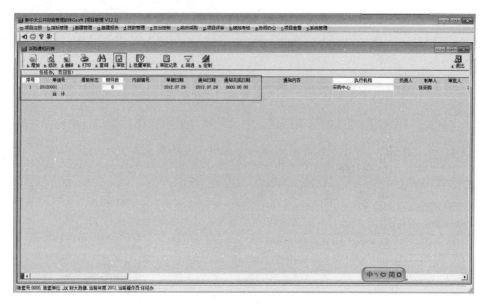

图 6-16　采购通知列表

在采购通知审批窗口中审阅采购通知详细情况，然后点击"审批"按钮，系统弹出"审批意见"对话框，填写审批意见，"确认"退出。

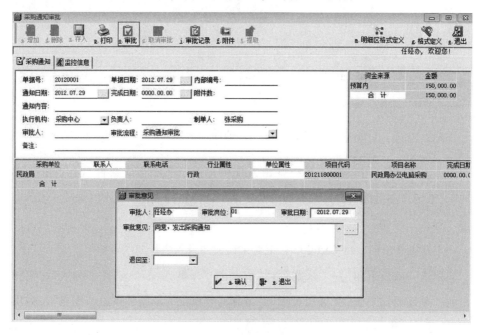

图 6-17　采购通知审批

更换操作员，以 GKK001 王娟的身份对采购通知录入进行复审，审批方法同上。

（五）招标过程管理

首先以 CGY001 刘明身份登录新中大系统"采购管理"界面，单击"招标过程"，系统自动弹出"条件筛选"对话框（见图 6-18）。

图 6-18 条件筛选

点击"确认"，系统弹出招标过程列表，点击"增加"按钮，弹出招标过程单据窗口（见图 6-19），填写标书编号"20120516001"，选择采购单位"民政局（本部）"，点击选择"项目代码"后的 ⋯ 按钮，从采购项目选择中，选中相应的采购项目，点击"增加"。在弹出的筛选框中确认投标单位，并填写是否合格及说明信息等，然后点击"存入"按钮，完成招标过程保存。

（六）标书管理录入及审批阶段

首先以 CGY001 刘明身份登录新中大系统，单击"采购管理"→"标书管理"→"新增"，打开"标书管理"窗口（见图 6-20）。

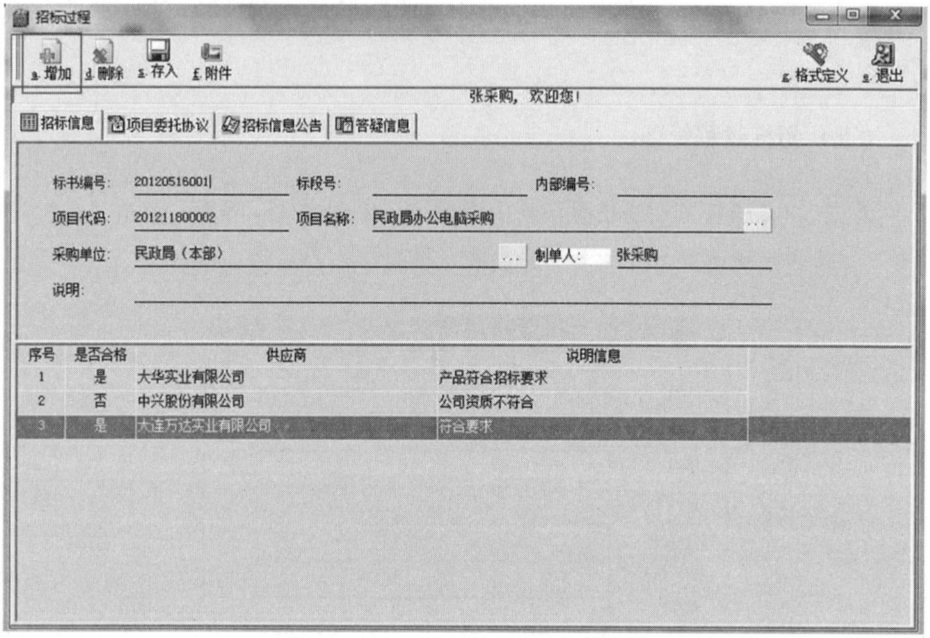

图 6 - 19　招标过程

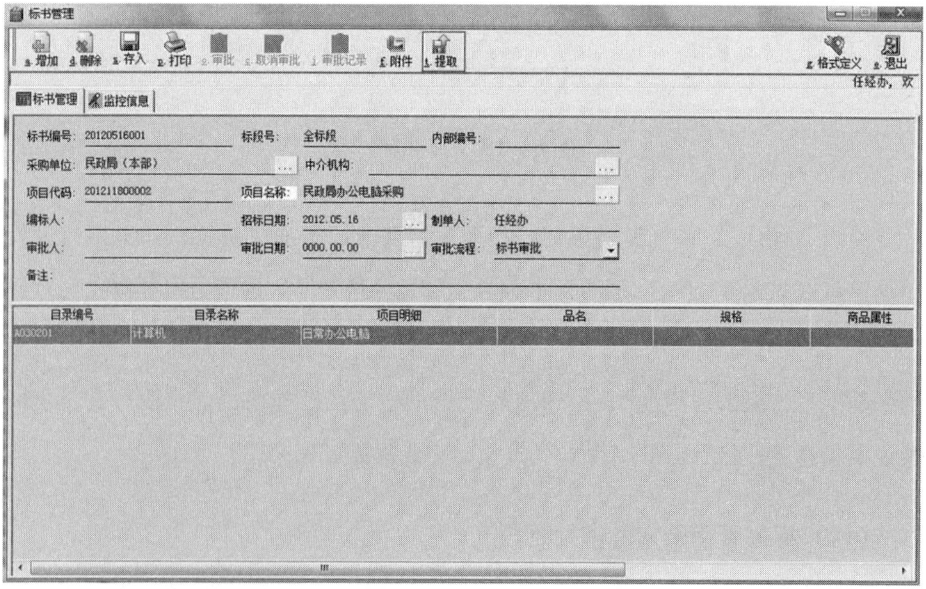

图 6 - 20　标书管理

点击"提取",系统弹出条件筛选框,选择相应条件后,点击"确认",系统自动提取采购通知,此时需要填写标书编号"20120516001"和标段号"全标段",并点击"存入"按钮完成标书管理录入保存工作。

更换操作员后,由 GKK002 张玉对标书管理录入进行初次审核。

单击"政府采购"→"采购管理",点击"标书管理",选择"列表",在弹出的"条件筛选"窗口中选择相应条件,然后点击"确认"。系统弹出的"标书管理列表"(见图 6–21),选择需要审批的单据,单击"审批",弹出"标书管理审批"窗口。

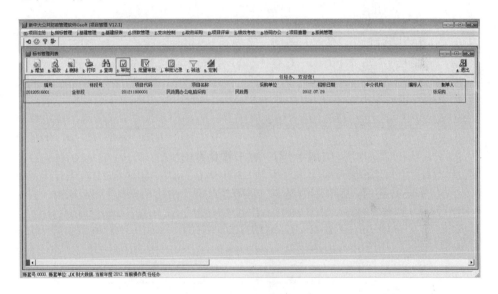

图 6–21　标书管理列表

在标书管理审批窗口中(见图 6–22),审阅标书管理详细情况,然后点击"审批"按钮,系统弹出"审批意见"对话框,填写审批意见,"确认"退出。

更换操作员,以 GKK001 王娟的身份对标书管理录入进行复审,审批方法同上。

(七)评标过程管理

首先以 CGY001 刘明的身份登录新中大系统,单击"采购管理"→"评标过程",系统自动弹出"条件筛选"对话框(见图 6–23)。

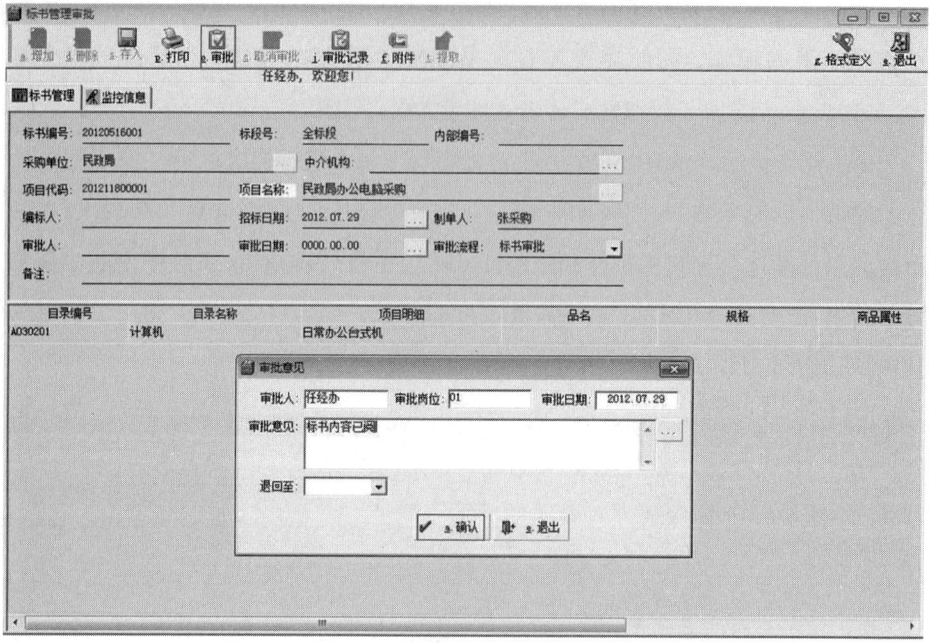

图 6 – 22　标书管理审批

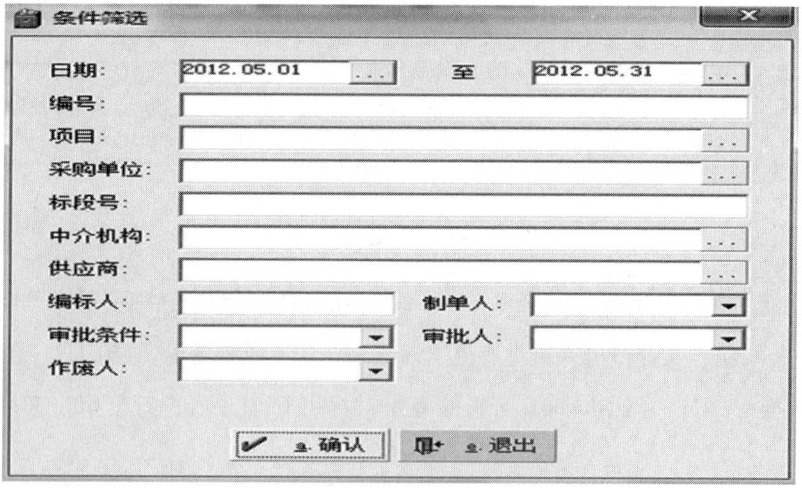

图 6 – 23　条件筛选

点击"确认",系统弹出评标过程列表,点击"增加"按钮,弹出"评标过程"窗口(见图 6 – 24),点击"提取",在弹出的条件筛选框中选择相应条件,然后"确认",选中相应的"标书",系统将标书内容自动填写完整。点击"增加"添加投标单位,并填写单位、单价、数量、金额。点击"增加明细"添加评委记录,填写完毕后点击"存入"保存退出。

注意：点击"增加"添加投标单位时,系统将弹出条件筛选框,点击"确定"后,系统弹出所有供应商,将本次参与投标的单位选中。

如果需要添加某一投标单位评审分数时,首先要选中此投标单位,然后点击"增加明细"添加评委记录,填写评委名称及相应分值。

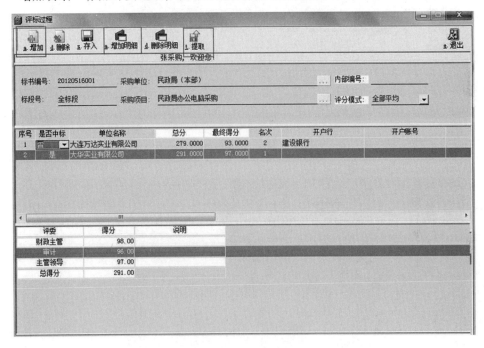

图 6 - 24　评标过程

(八) 中标管理录入及审批阶段

首先以 CGY001 刘明的身份登录新中大系统,单击"采购管理"→"中标管理"→"新增",打开"中标管理编辑"窗口 (见图 6 - 25)。

点击"提取",系统弹出条件筛选框,选择相应条件后,点击"确认",系统弹出"标书选择"对话框 (见图 6 - 26),选中相应的标书,点击"确认"。

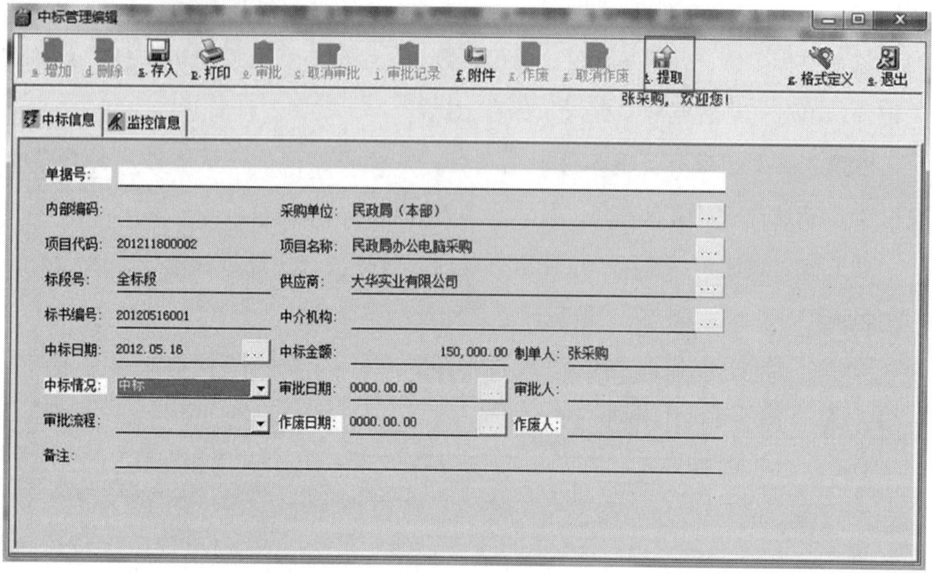

图 6 – 25　中标管理录入

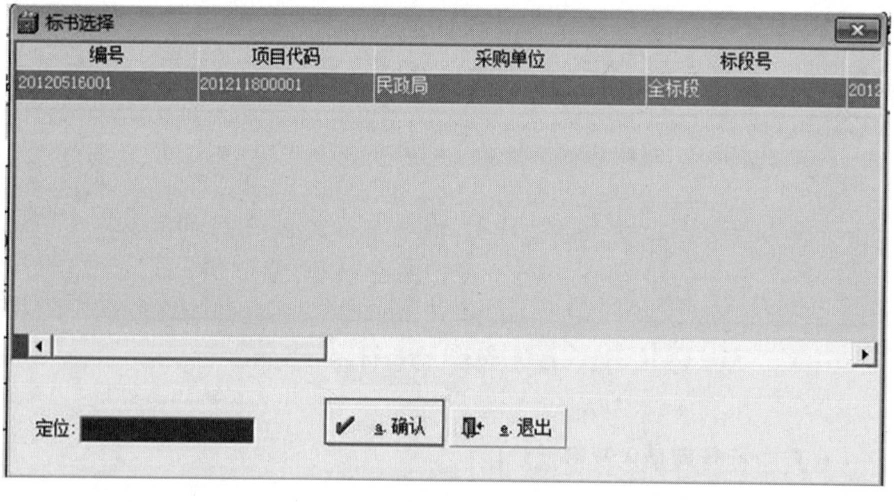

图 6 – 26　标书选择

系统打开"中标管理编辑"窗口（见图 6 – 27），在中标管理编辑窗口需要填写供应商，中标情况为"中标"，中标金额为"150000"，点击"存入"按钮。

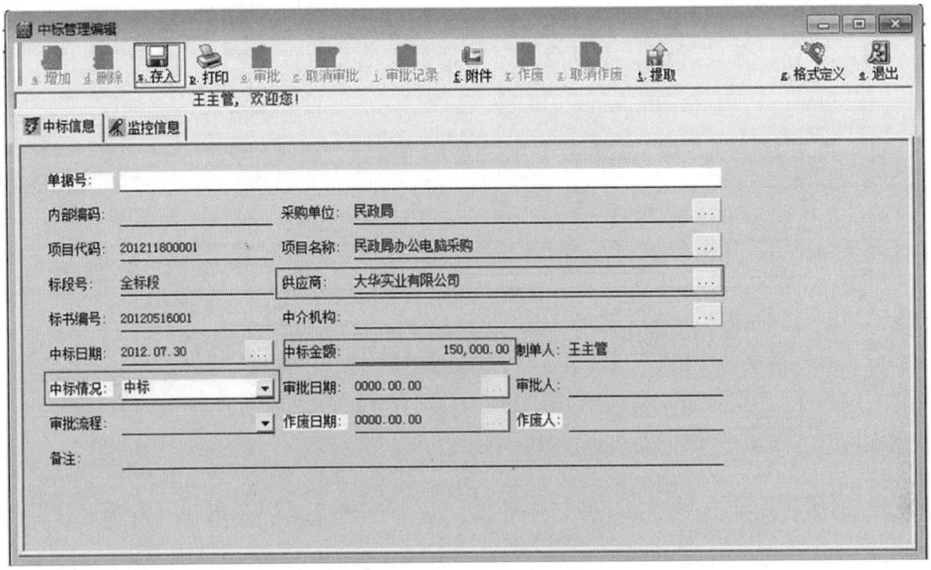

图 6 – 27　中标管理编辑

更换操作员后，由 GKK002 张玉对中标管理录入进行初次审核。

单击"政府采购"→"采购管理"，点击"中标管理"，选择"列表"，在弹出的"条件筛选"窗口中选择相应条件，然后点击"确认"。系统弹出的"中标管理列表"（见图 6 – 28），选择需要审批的单据，单击"审批"，弹出"标书管理审批"窗口。

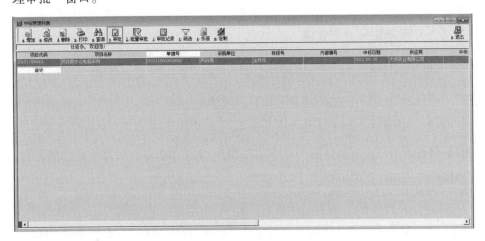

图 6 – 28　中标管理列表

在中标管理审批窗口中（见图6－29）审阅中标管理详细情况，然后点击"审批"按钮，系统弹出"审批意见"对话框，填写审批意见，"确认"退出。

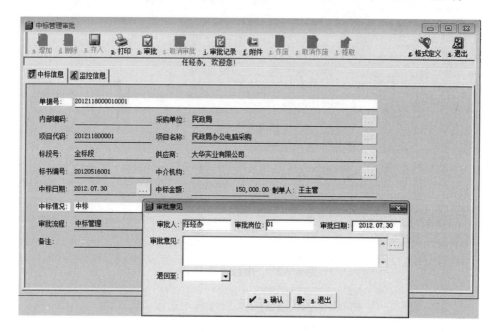

图6－29　标书管理审批

更换操作员，以GKK001王娟的身份对中标管理录入进行复审，审批方法同上。

（九）政府采购合同管理

首先以CGY001刘明的身份登录新中大系统，单击"采购管理"→"合同管理"→"新增"，打开"合同增加"窗口（见图6－30）。

点击"提取"，系统弹出"表头提取"和"明细提取"，先选择"表头提取"，将数据填写在基本信息窗口中（见图6－31），填写合同编号及合同名称，以及原合同金额"150000"。

点击"合同明细"按钮，再点击"提取"，选择"明细提取"，系统自动完成合同明细部分数据导入，此处还需要填写平均单价"5000"，市场单价"6000"等内容（见图6－32）。

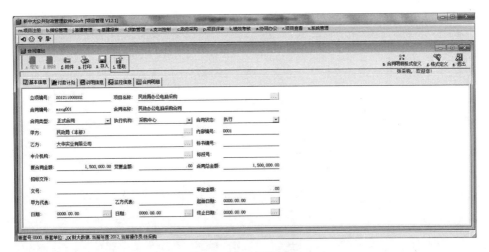

图 6 – 30 合同增加

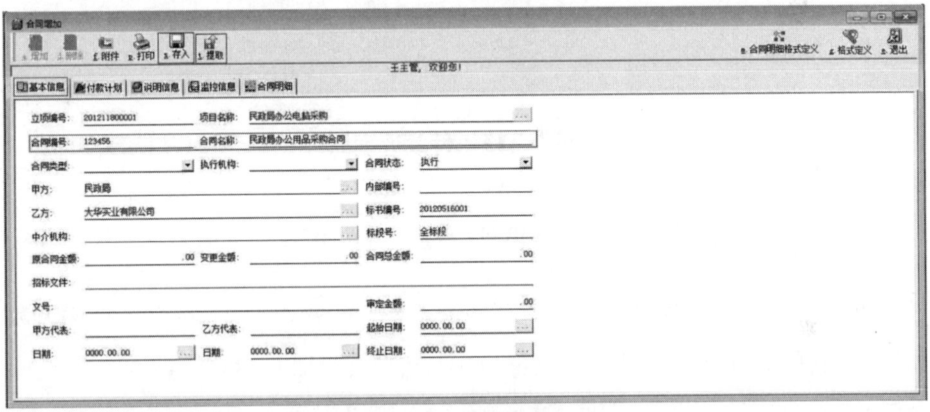

图 6 – 31 合同基本信息

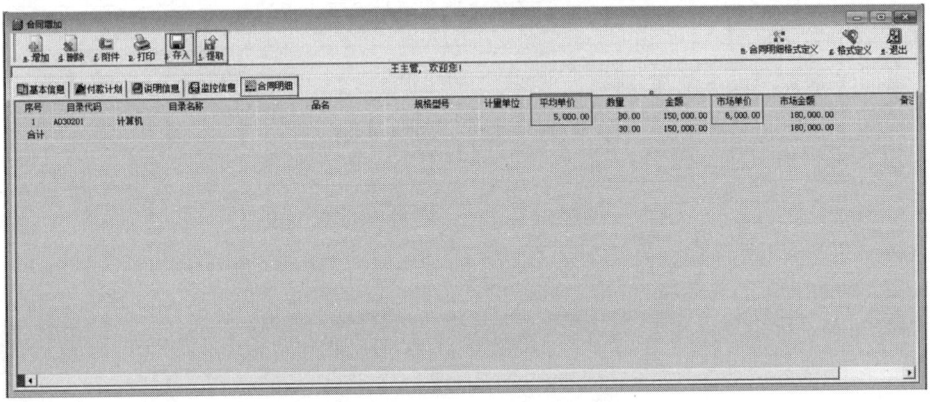

图 6 – 32 合同明细信息

点击"付款计划"按钮，根据实验资料预留10%的资金作为验收前的预留金，点击"增加"按钮，增加两个付款计划，分别填入付款金额"1350000"，付款依据"办公电脑设备交付"，付款金额"15000"，付款依据"办公电脑正常使用并通过验收"。最后点击"存入"按钮，完成合同的新增操作（见图6-33）。

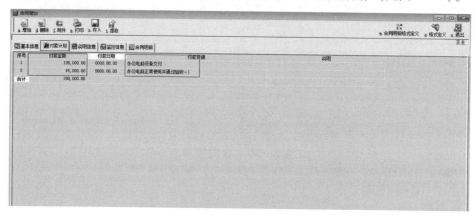

图6-33　付款计划

（十）政府采购执行的录入及审批阶段

首先以CGY001刘明的身份登录新中大系统，单击"采购管理"→"采购执行"→"新增"，打开"采购实施情况录入"窗口（见图6-34）。

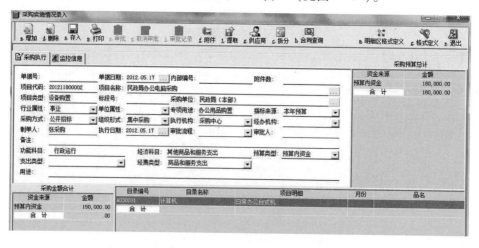

图6-34　采购执行

点击"提取",选择"取自采购通知",系统弹出条件筛选窗口,点击"确认"按钮,弹出"采购通知单选择"对话框(见图6-35),选择相应的采购通知,单击"确认"按钮,系统填充采购通知数据。

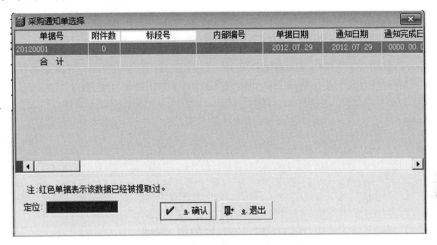

图6-35 采购通知单选择

在窗口左下角的"采购金额合计"处输入资金来源"预算内",金额"150000"。对应左下角中的中标数量"30",中标单价"5000"。然后点击"存入",生成新的单据,单击"确认",完成保存工作(见图6-36)。

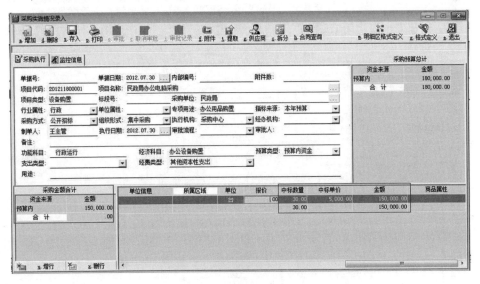

图6-36 采购实施情况录入

更换操作员后，由 GKK002 张玉对采购执行录入进行初次审核。

单击"政府采购"→"采购管理"，点击"采购执行"，选择"列表"，在弹出的"条件筛选"窗口中，选择相应条件，然后点击"确认"。系统弹出的"采购实施情况列表"（见图 6 – 37），选择需要审批的单据，单击"审批"，弹出"采购实施情况审批"窗口。

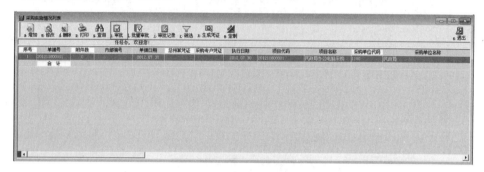

图 6 – 37 采购实施情况列表

在采购实施情况审批窗口中（见图 6 – 38），审阅标书管理详细情况，然后点击"审批"按钮，系统弹出"审批意见"对话框，填写审批意见，"确认"退出。

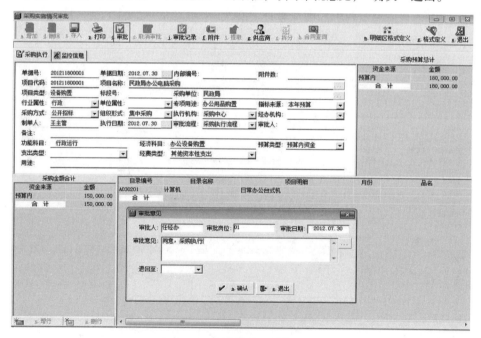

图 6 – 38 采购实施情况审批

更换操作员，以 GKK001 王娟的身份对采购执行录入进行复审，审批方法同上。

（十一）政府采购支付的录入及审批

首先以 CGY001 刘明的身份登录新中大系统，单击"采购管理"→"采购支付"→"新增"，打开"采购支付录入"窗口（见图 6-39）。

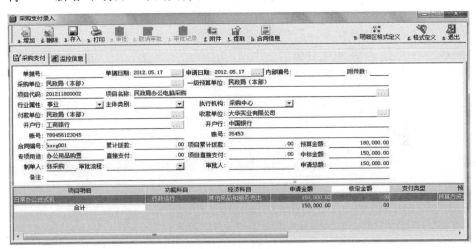

图 6-39 采购支付录入

在"采购支付录入"界面，采购单位点击"……"选择"1180 民政局（本部）"；项目名称点击"……"选择"民政局办公电脑采购"。点击"合同信息"，选择"民政局办公用品采购合同"，点击"提取"，选择"取至合同计划"，选择序号为 1，付款金额为 135000 元的合同付款计划节点（见图 6-40），然后点击"确认"，系统自动填入所引用数据。

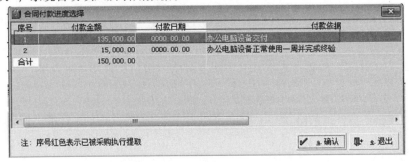

图 6-40 合同付款进度选择

在采购支付录入界面（见图6-41），选择付款单位"民政局"，收款单位"大华实业有限公司"，在下方的采购支付明细表中选择功能科目"行政运行"，支付类型选择"直接支付"，点击"存入"完成采购支付录入。

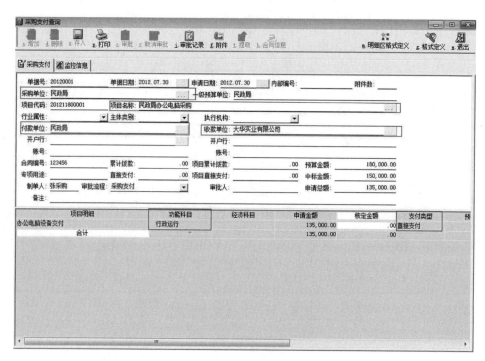

图6-41 采购支付录入

更换操作员后，由GKK002张玉对采购支付录入进行初次审核。

单击"政府采购"→"采购管理"，点击"采购支付"，选择"列表"，在弹出的"条件筛选"窗口中选择相应条件，然后点击"确认"。系统弹出"采购支付列表"（见图6-42），选择需要审批的单据，单击"审批"，弹出"采购支付审批"对话框（见图6-43）。在采购支付审批窗口中，审阅采购支付详细情况，然后点击"审批"按钮，系统弹出"审批意见"窗口，填写审批意见，"确认"退出。

更换操作员，以GKK001王娟的身份对采购执行录入进行复审，审批方法同上。

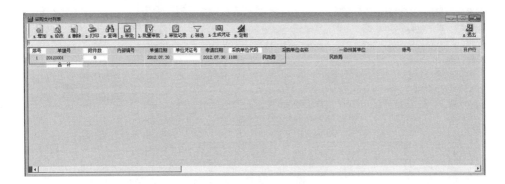

图 6 – 42　采购支付列表

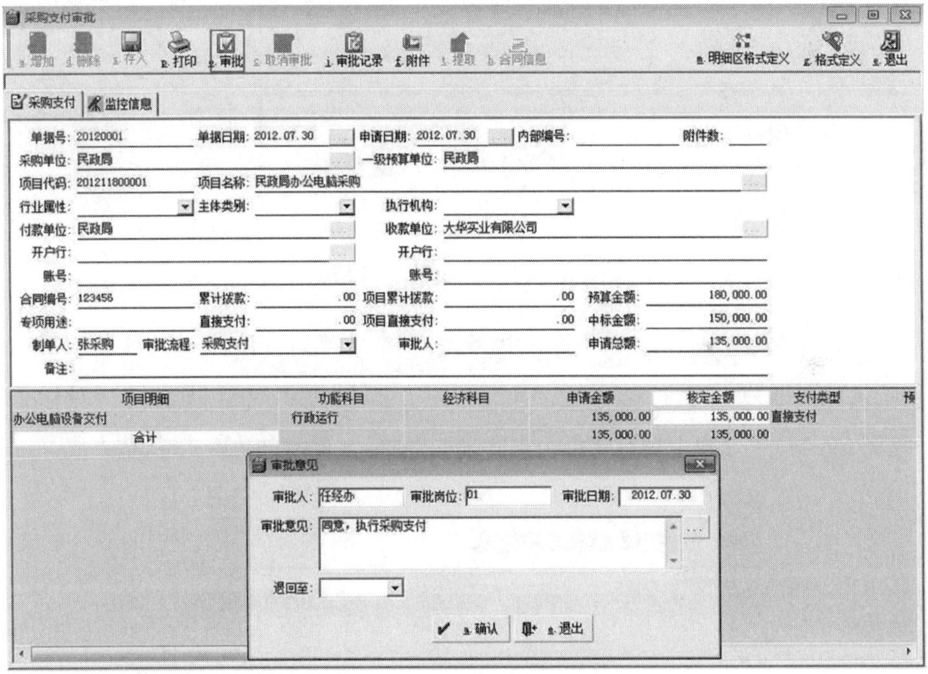

图 6 – 43　采购支付审批

（十二）政府采购验收管理录入及审批

首先以 CGY001 刘明的身份登录新中大系统，单击"采购管理"→"验收管理"→"新增"，打开"验收管理编辑"窗口（见图 6 – 44）。

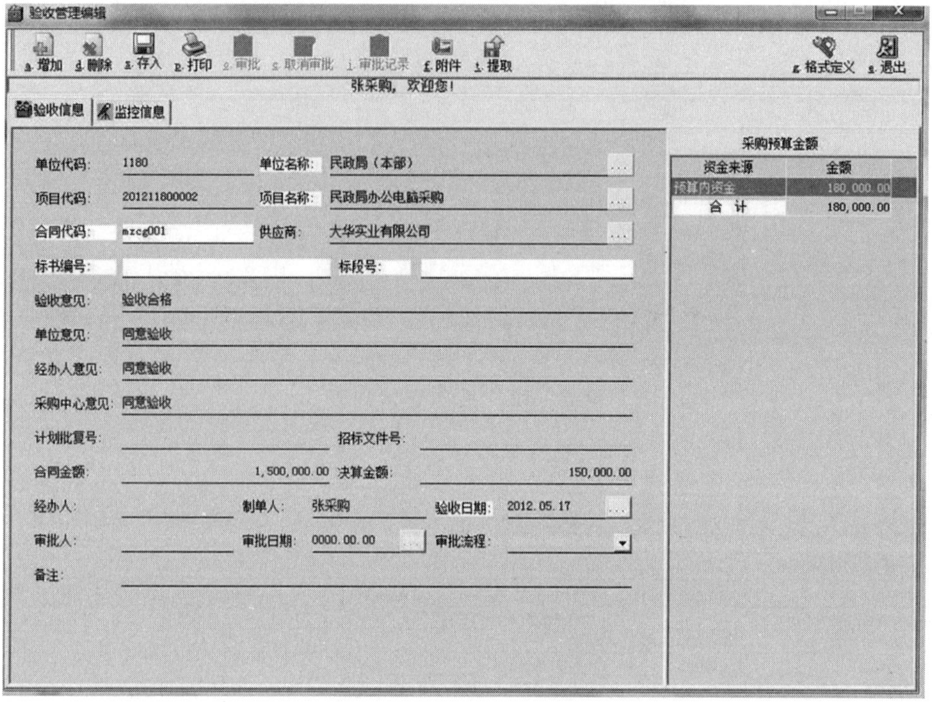

图 6 - 44　验收管理编辑

点击 "　..... " 选择单位名称 "民政局（本部）"，方法同上，选择项目名称 "民政局办公电脑采购"，点击 "提取"，系统弹出 "合同选择" 对话框（见图 6 - 45），选择 "民政局办公电脑采购合同"，系统自动填充数据。

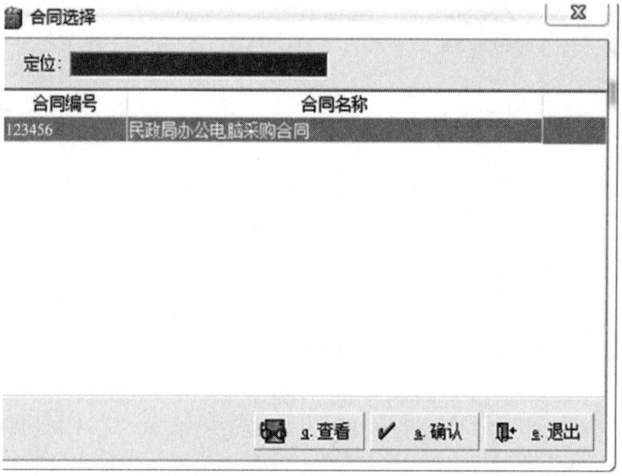

图 6 - 45　合同选择

在验收管理编辑窗口（见图 6-46）输入各个验收部门的验收意见及决算金额"150000"，点击"存入"，完成验收管理录入工作。

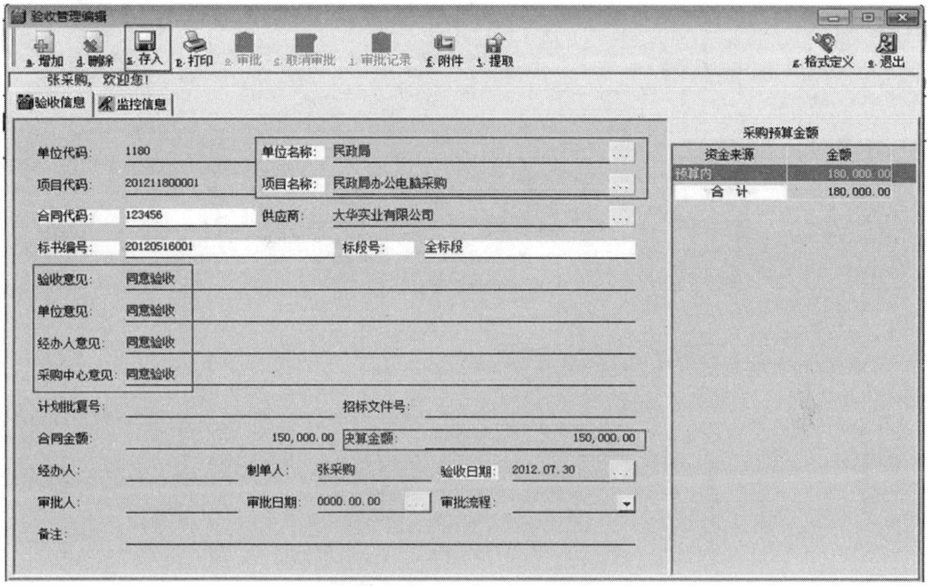

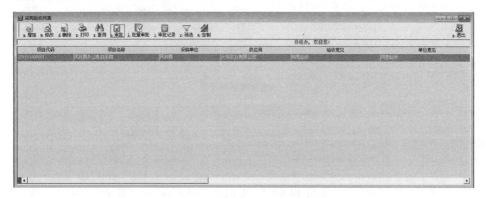

图 6-46 验收管理编辑

更换操作员后，由 GKK002 张玉对验收管理录入进行初次审核。

单击"政府采购"→"采购管理"，点击"验收管理"，选择"列表"，在弹出的"条件筛选"窗口中，选择相应条件，然后点击"确认"。系统弹出"采购验收列表"（见图 6-47），选择需要审批的单据，单击"审批"，弹出"采购验收管理审批"窗口（见图 6-48）。

图 6-47 采购验收管理列表

在采购验收审批窗口中，审阅采购验收详细情况，然后点击"审批"按钮，系统弹出"审批意见"对话框，填写审批意见，点击"确认"退出。

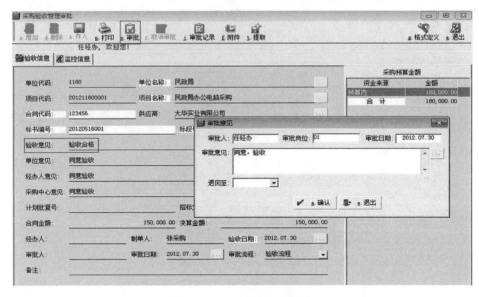

图6-48 验收管理审批

更换操作员，以 GKK001 王娟的身份对采购验收管理录入进行复审，审批方法同上。

（十三）报表输出

单击系统初始界面"报表中心"，打开报表中心界面，选择"自定义报表"→"政府采购报表"（见图6-49）。

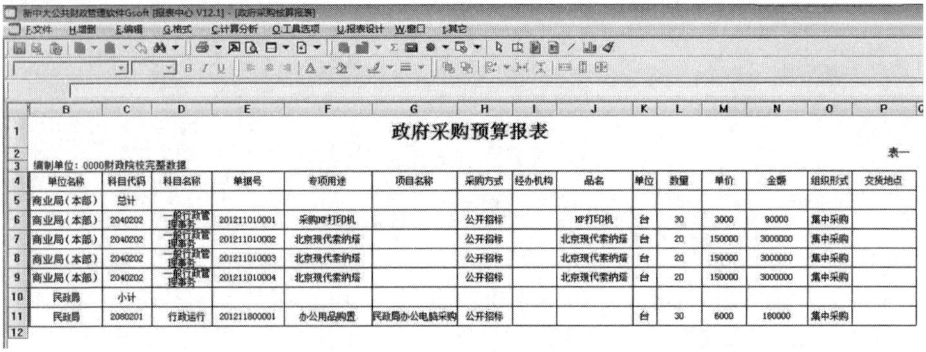

图6-49 政府采购预算报表

　　在该界面选择菜单"计算分析"→"填充汇总计算分析"，系统自动生成当前操作下的政府采购报表。

　　单击菜单"文件"→"转换 Excel 输出"，即可得到一份 Excel 格式的报表。

第七章

非税收入管理实验

非税收入征管改革采用"单位开票、银行代收、财政统管"的管理体制，所涉及的机构主要有财政管理部门、代收银行、执收（罚）单位。主要操作人员分为票证管理员和非税征收员两类。

第一节　非税收入内容与业务流程

一、非税收入的基本内容

非税财政收入是政府通过收费、基金、附加、罚款，以及国有资产和资源收入等方式筹集用于履行政府职能的收入。非税收入包括政府型基金、专项收入、行政事业性收费、罚没收入、国有资本经营收益、国有资产（资源）有偿使用收入和其他收入（捐赠等）、彩票公益金收入等。具体来讲有政府型基金收入，如土地出让收入、地方教育附加、城市基础设施配套费、散装水泥专项资金等；专项收入，如排污费、水资源费等；行政事业性收费就是各行政事业单位提供服务收取的费用，如学校学费、法院诉讼费、婚姻登记证书工本费、殡葬收费等；罚没收入顾名思义是交通罚没、公安罚没、检察院罚没等；国有资本经营收益简单说就是国有资本产生的股利、利息、产权转让收益；国有资本资源有偿使用收入常见的就是资产处置收益、房租、财政利息收入；其他收入有捐赠等。

目前，我国各级政府都存在大量的非税财政收入，在政府全部收入中占据了很大的比重，对微观经济运行和国家财政宏观调控都有重大影响。在此大环境下，非税收入建立以统一的非税收入票据为源头，以代收银行为桥梁，以财政对非税收入的综合管理为核心，利用计算机网络等先进的信息化手段，构架"单位开票、银行代收、财政统管"的非税收入收缴管理模式。

通过系统模拟操作，了解政府非税收入票据管理的基本步骤，掌握票据计划、票据入库、票据购领、票据出库、票据核销等录入及审核操作流程。掌握非税收入的执收单位管理的基本结算业务。

二、非税收入系统业务流程

非税收入系统业务流程如图 7 - 1 所示。

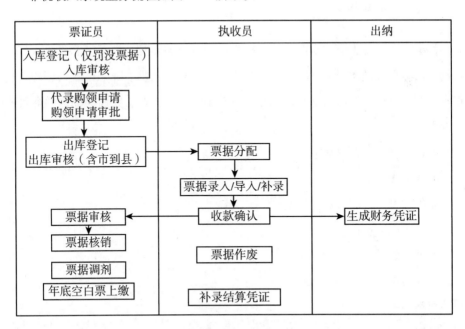

图 7 - 1　业务流程

注：生成财务凭证再核销；已打印出的错误票做票据作废。

第二节 非税收入实验

一、实验目的及要求

（1）了解非税收入业务流程。

（2）熟悉掌握新中大软件非税收入实验操作过程。

二、实验主内容

实验票证管理中票据计划、票据入库、票据购领、票据出库、票据核销等录入及审核操作。

实验非税管理执收单位的开票处理、收款确认等流程。

三、实验案例数据

【例7-1】商业局（本部）申领行政事业性收费票据，向同级非税收入管理机构提出申请，同时提交征收或收取非税收入的有关依据。经非税收入管理机构审查符合规定的，发给《非税收入票据购领证》，执收单位凭购领证购领非税收入票据。

非税票据购置情况如下。

票据入库

票据类型：行政事业性收费

票据入库数量：20

票据开始号：0000000001

票据结束号：0000000400

票据购领

票据类型：行政事业性收费

票据入库数量：15

票据开始号：0000000001

票据结束号：0000000300

票据报损

票据类型：行政事业性收费

票据开始号：0000000003

票据结束号：0000000300

四、实验操作指导

(一) 票据计划录入、审核阶段

首先以 PZY001 黄光的身份登录新中大系统，选择"系统菜单"→"收入管理"→"票证管理"，进入软件的非税收入票证管理系统。

选择"票据管理"→"票据计划登记"，在如图 7-2 所示窗口进行月度票据计划的录入工作。

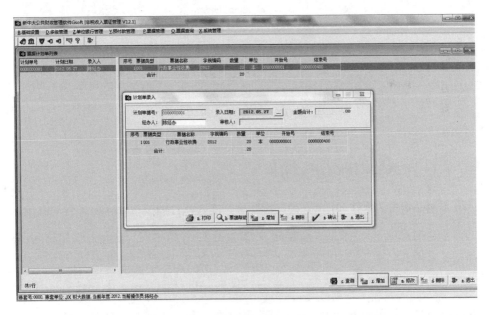

图 7-2　票据计划录入

点击"增加"，在弹出的"计划单录入"窗口双击票据类型，选择"行政事业性收费"，输入数量"20"，开始号码"0000000001"，结束号码"0000000400"，点击"确认"退出。

由 PZY002 肖克对录入的票据计划进行审核。更换操作员为 PZY002 肖克的身份登录，进入软件的非税收入票证管理系统。选择"票据计划审核"菜单，系统弹出票据计划单列表窗口，选择相应需要审核的单据后点击"审核"，系统打开待审批的"计划单审核"窗口（见图 7-3）。点击"确认"，等待"审核成功！"提示，然后点击"确定"，完成计划单审核。

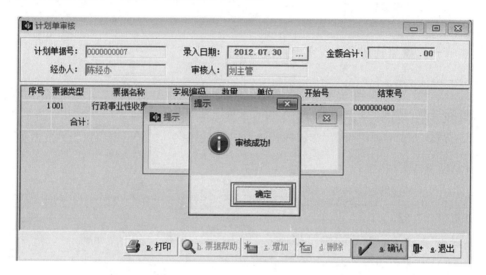

图 7-3　计划单审核

(二) 票据入库登记、审核阶段

更换操作员为 PZY001 黄光的身份登录，进入软件的非税收入票证管理系统。选择"票据管理"→"票据入库登记"，在如图 7-4 所示窗口进行月度票据入库的录入工作。

点击右下角的"增加"，在弹出的"票据入库登记"中点击"取自计划"，在弹出的"计划单列表"中选择"行政事业性收费"，点击"确认"退出。

由 PZY002 肖克对录入的票据入库进行审核。更换操作员为 PZY002 肖克身份登录，进入软件的非税收入票证管理系统。选择"票据管理"→"票据入库审核"，系统弹出票据入库单列表窗口，选择相应需要审核的单据后点击"审核"，

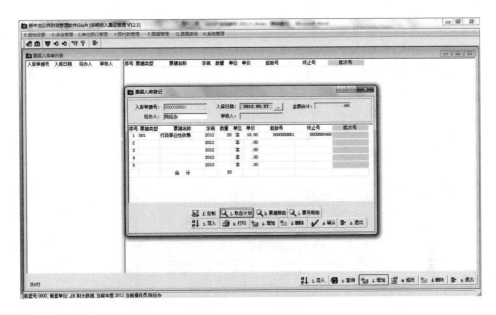

图 7 - 4 票据入库录入

系统打开待审批的"入库单审核"窗口（见图 7 - 5）。点击"确认"，等待"审核成功！"提示，点击"确定"，完成入库单审核。

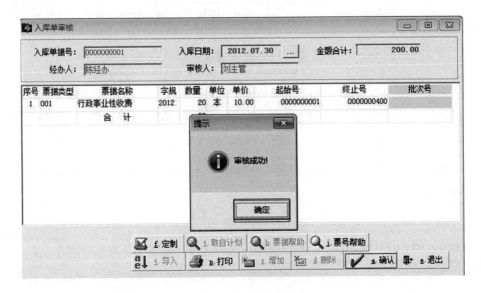

图 7 - 5 票据入库审核

（三）票据购领申请、审批阶段

更换操作员为 PZY001 黄光的身份登录，进入软件的非税收入票证管理系统。选择"票据管理"→"票据购领申请"，在如图 7 - 6 所示窗口进行月度票据购领的录入工作。

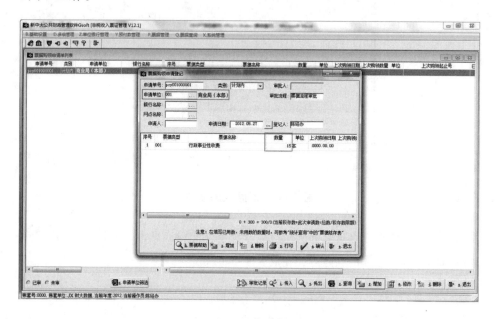

图 7 - 6　票据购领申请

点击"增加"，在弹出的"票据购领申请登记"中，选择申请单位"商业局（本部）"，双击票据类型选择"行政事业性收费"，填写数量"15"，点击"确认"退出。

注意：如果票据第一次入库则在购领申请时会提示"该票据尚未出过库"，点击"确定"即可。

由 PZY002 肖克对录入的票据购领进行审核。更换操作员为 PZY002 肖克的身份登录，进入软件的非税收入票证管理系统。选择"票据申请审批"菜单，系统弹出票据购领申请单列表窗口，选择相应需要审核的单据后点击"审核"，系统打开待审批的"申请单审批"窗口（见图 7 - 7）。点击"确认"，弹出"审批意见"对话框（见图 7 - 8），输入审批意见，点击"确认"，完成票据购领审批。

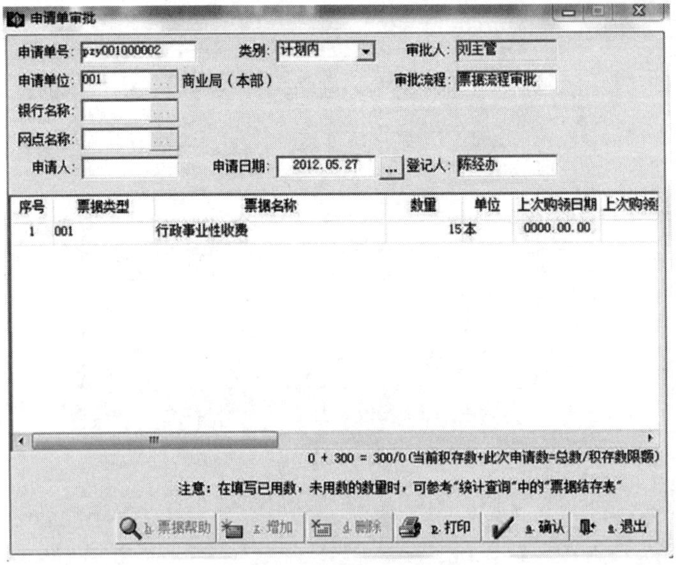

图 7-7 票据购领审批

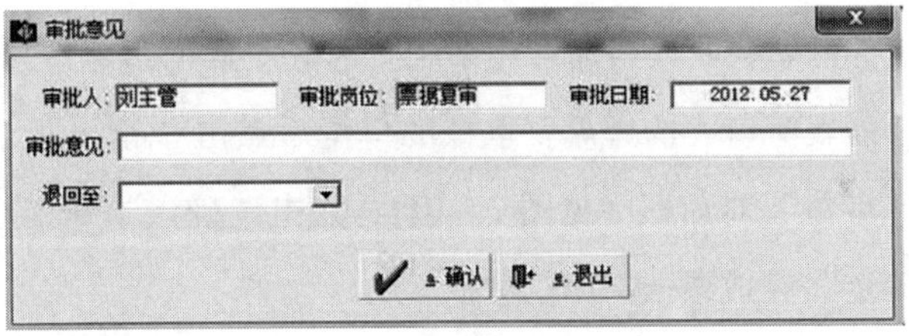

图 7-8 审批意见

（四）票据出库登记、审核阶段

更换操作员为 PZY001 黄光的身份登录，进入软件的非税收入票证管理系统。选择"票据管理"→"票据出库登记"，在如图 7-9 所示的窗口进行月度票据出库的登记工作。

点击"增加"，在弹出的"票据出库登记"中，选择领购单位"商业局（本部）"，点击"单位申请"，选择"商业局（本部）"，双击执行单位选择"商业局（本部）"，双击选择起始号"0000000001"、终止号"0000000300"，点击"确认"退出。

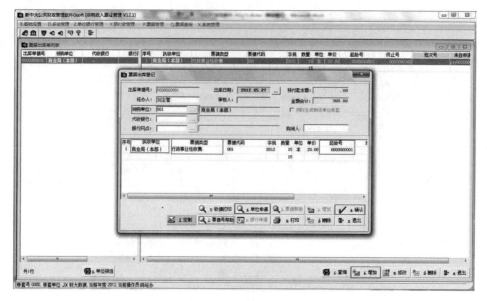

图 7-9　票据出库登记

由 PZY002 肖克对录入的票据出库进行审核。更换操作员为 PZY002 肖克的身份登录，进入软件的非税收入票证管理系统。选择"票据出库审核"菜单，系统弹出票据出库单列表窗口，选择需要审核的单据后点击"审核"，系统打开待审批的"票据出库审核"对话框（见图 7-10），点击"确认"，等待"审核成功！"提示，点击"确定"完成票据出库单审核。

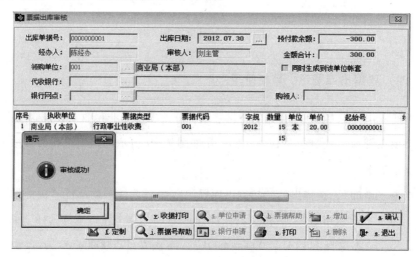

图 7-10　票据出库审核

（五）票据分配

商业局（本部）从票管员处领到票据后，首先需要按票种和票段分配给指定的执收人员，否则无法进行开票操作。

首先以 FSGAJ1 谢含的身份登录新中大系统，选择"系统菜单"→"收入管理"→"非税收入单位版"进入软件的非税收入单位管理系统。选择"执收单位管理"→"票据分配"→"按操作员分配"，出现如图 7－11 所示的"按操作员分配"窗口。

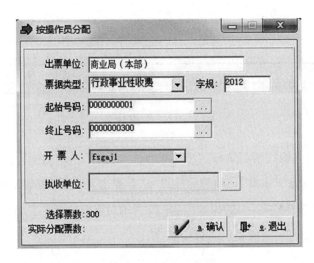

图 7－11　票据分配

选择票据类型"行政事业性收费"，起始号码"0000000001"，终止号码"0000000300"，开票人"fsgaj1"，单击"确认"保存成功后"确定"退出。

（六）票据录入

以 FSGAJ1 谢含的身份登录新中大系统，选择"系统菜单"→"收入管理"→"非税收入单位版"进入软件的非税收入单位管理系统。选择"开票处理"→"单张票据录入"，出现如图 7－12 所示的窗口。

选择结算方式"现金"，票据类型"行政事业性收费"，票据号"0000000001"（可以选择 0000000001～0000000300 中任意一张），双击缴款人全称选择"丢失补

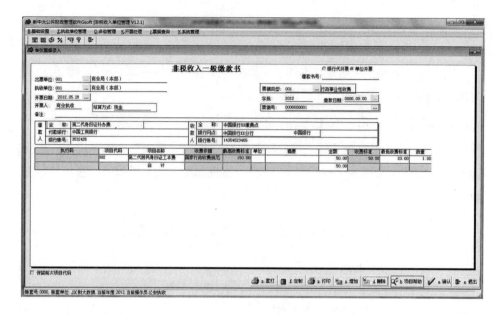

图 7-12　票据录入

发护照",收款人银行网点选择"中国银行××分行",双击项目代码选择"002第二代居民身份证工本费",收费标准"50",点击"确认"。如果保存退出提示"是否打印",选择"是",弹出如图7-13所示对话框,点击"确认",然后在打印面选择退出,直到页面提示"打印成功"。

图 7-13　打印格式设置

(七) 收款确认

票据录入都必须进行收款确认操作,然后才能将票据交到票管员处进行审核。

以 FSGAJ1 谢含的身份登录新中大系统,选择"系统菜单"→"收入管理"→

"非税收入单位版"进入软件的非税收入单位管理系统。选择"开票处理"→"批量收款确认",出现如图7-14所示的批量收款确认窗口。

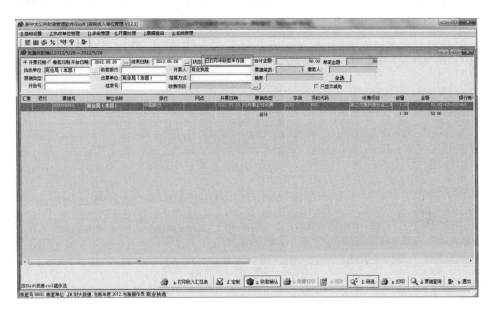

图7-14　批量收款确认

在批量收款确认界面,确定状态为"已打印未收款未作废",点击"筛选",选择需要做收款确认的单据,点击"收款确认",系统提示"有1条记录收款成功"。

(八)票据复审

商业局(本部)将已收款票据交至票管员处,票管员需要对票据进行审核。需要更换操作员进入。

由PZY002肖克对已收款票据进行审核。更换操作员为PZY002肖克的身份登录,进入软件的非税收入票证管理系统。选择"票据复审",系统弹出票据复审窗口,确认票据状态为"已收款未复审",点击"筛选",系统弹出所有待审核票据,选择相应需要审核的单据后点击"审核",系统提示"本张发票审核成功"(见图7-15)。

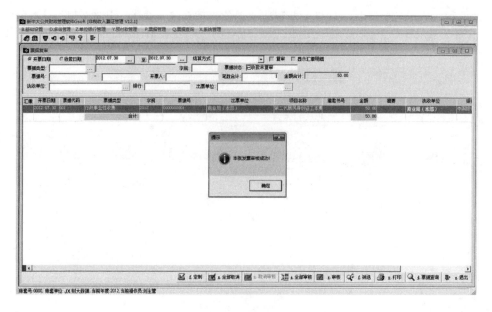

图 7 - 15　票据复审

（九）票据核销

商业局（本部）将已使用并已收款的票据交到票管员处，票管员需要对其进行核销。

由 PZY002 肖克对已收款票据进行审核。更换操作员为 PZY002 肖克身份登录，进入软件的非税收入票证管理系统。选择"票据核销（开票明细）"，系统弹出票据核销窗口，确认状态为"财政审核未核销"，点击"筛选"，系统弹出所有待核销票据，选择相应需要审核的单据后点击"核销"，系统提示"核销成功"（见图 7 - 16）。

（十）年底空白票上缴

年底时，票管员需要统一将未使用的空白票上缴省局。

由 PZY002 肖克将未使用的空白票上缴省局。更换操作员为 PZY002 肖克身份登录，进入软件的非税收入票证管理系统。选择"票据报损"，系统弹出票据报损窗口，选择报损单位"001 商业局（本部）"，选择票据类型"行政事业性收

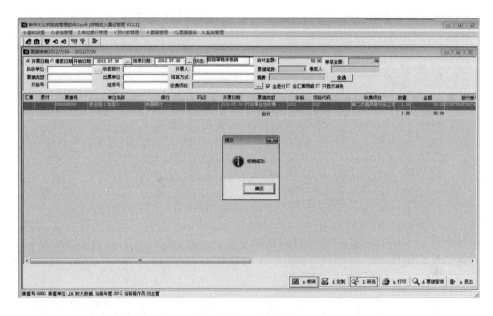

图 7-16　票据核销

费"，开始号"0000000003"，结束号"0000000300"，报损原因"未使用"，点击
"确认"，系统提示"保存成功"（见图 7-17）。

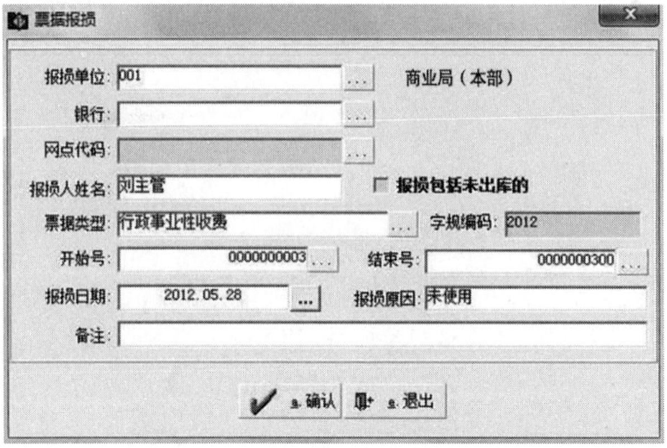

图 7-17　票据报损

（十一）生成票据管理情况统计报表

以 PZY002 肖克的身份登录，进入软件的非税收入票证管理系统。选择"票

据查询"→"票据管理情况统计报表",点击"筛选"生成报表(见图 7 - 18)。

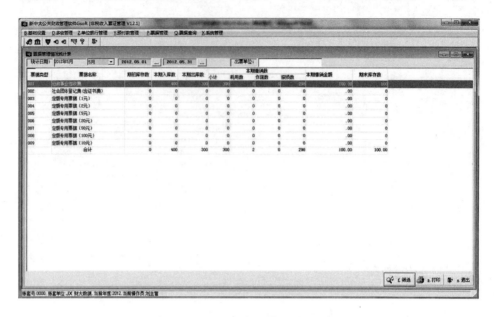

图 7 - 18　票据管理情况统计报表

第八章

工资管理实验

工资管理系统适用于各个行业对工资管理的要求，可实现工资核算、工资发放、个人所得税、公积金管理和员工档案管理。工资管理模块的基础数据大部分由用户自行设置，如定义金额类工资款项、定义款项公式、确定考勤款项、制定考勤指标及定义考勤款项公式、设置工资单和信用卡的输出格式等。

第一节 工资系统基础设置

在"基础设置"中，需要设置的内容有部门类型、部门名称、员工类型、工资款项、款项之间的计算关系、考勤指标、考勤款项、考勤款项和考勤指标间的计算关系、等级工资设置、工资列表中的排序方法、工资表/单的打印格式、信用卡磁盘文件格式、配款单面额等。

一、实验准备

收集单位信息、人员信息、包括工资款项和考勤指标各方面信息整理完毕。

二、实验目的及要求

（1）实验操作工资款项进行的设置，以及员工类型等薪资信息的设置。

（2）掌握工资信息管理软件的使用。

三、实验案例数据

为商业局员工进行工资的发放。

单位代码：01；单位名称：商业局。

部门代码：05；部门名称：商业局一队，属于"管理部门"的部门类型。

职员名单：

0001 张虹 商业局一队 正式工；

0002 张云 商业局一队 正式工；

0003 柳尊 商业局一队 正式工；

0004 杨铁 商业局一队 临时工；

0005 李渔 商业局一队 正式工。

四、实验指导

（一）初始化设置

进入"支出管理"→"工资管理"，选择"初始化设置"。

1. 使用对象设置

选择"初始化设置"→"使用对象设置"，在弹出的对话框中选择使用对象"主管单位下属的预算单位使用"（见图 8-1）。

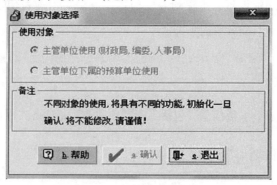

图 8-1 使用对象选择

2. 工资发放模式设置

选择"初始化设置"→"工资发放模式设置"。在弹出的对话框中选择发放模式，可选择"按月发放"和"一月多次发放"两种（见图 8-2）。

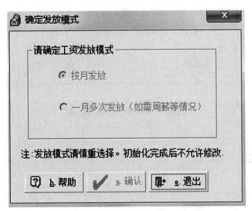

图 8-2　发放模式

3. 启用审批流

选择"初始化设置"→"启用审批流"，在弹出的对话框中选择审批流模式，填入审批单位代码，此代码是接受审批单人员所在单位（见图 8-3）。

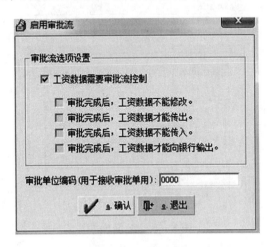

图 8-3　启用审批流

4. 初始化确认

选择"初始化设置"→"初始化确认"，在弹出的对话框中选择起始的月份，点击"确认"（见图8-4）。

图8-4 初始化确认

（二）基本设置

由财政局统一设置经费、单位性质、工资款项、款项公式定义、打印格式、录入截止日期等。

1. 经费设置

进入"基本设置"→"经费设置窗口"，点击"增加"按钮，填写编号和三项经费（见图8-5）。

图8-5 经费设置

2. 添加部门

进入"基本设置"→"部门设置"，选择"增加一行"，代码"05"，部门名称"商业局一队"，部门类型为"管理部门"（见图8-6）。

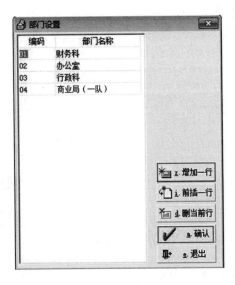

图 8 - 6　部门设置

3. 设置员工类型

进入"基本设置"→"人员性质编码设置",系统已自带三种类型:正式工、临时工、退休工(见图 8 - 7)。亦可点击"增加一行",进行新的类型的增加。

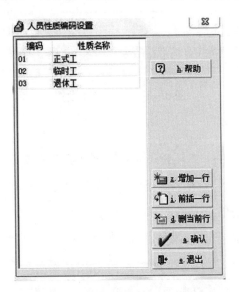

图 8 - 7　人员性质编码设置

4. 工资款项设置

点击"基本设置"→"工资款项设置",直接在空位处输入工资款项,点击序号为 18 和 19 的空款项,新增款项名称为考勤 1 和考勤 2(见图 8 - 8)。

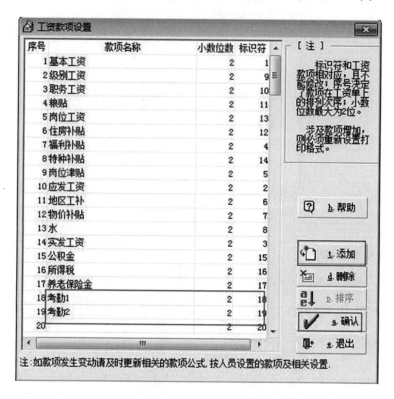

图 8 - 8 工资款项设置

5. 工资款项定义

点击"基本设置"→"款项公式定义",设置好工资款项就可以定义工资款项间的关系了(见图 8 - 9)。在"款项公式定义"中设好公式就不用在"按人员和部门性质设置款型公式"中设置公式了。

6. 确定考勤款项

进入"基本设置"→"考勤设置"→"确定考勤款项",设定"考勤 1"和"考勤 2"为考勤项,直接双击"是否考勤款项"一栏相对应的款项名称,选择"是",点击"存入"完成保存工作(见图 8 - 10)。

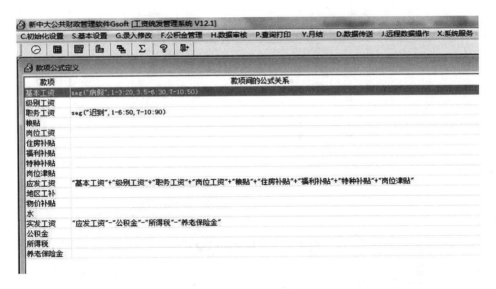

图8-9　工资款项定义

图8-10　确定考勤款项

7. 考勤指标设置

进入"基本设置"→"考勤设置"→"考勤指标设置",设置"考勤指标名称",增加一项"迟到",而后点击"确认"(见图8-11)。

图 8 – 11　考勤指标设置

8. 考勤款项公式定义

进入"基本设置"→"考勤设置"→"考勤款项公式定义",双击"考勤款项"对应的"公式"列,进入"考勤款项计算公式"窗口(见图 8 – 12)。

例如:考勤 1 = seg ("病假", 1 – 3:10, 3.5 – 8:50)。

考勤 2 = seg ("迟到", 0 – 20:10, 21 – 30:50, 30 – 60:100)。

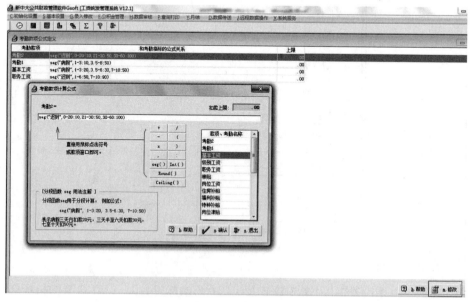

图 8 – 12　考勤款项公式定义

9. 人员异动原因设置

进入"基本设置"→"异动原因设置",点击"增加"按钮,输入代码和名称（见图 8 – 13）。

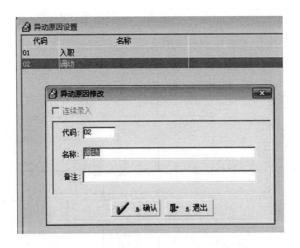

图 8 – 13　人员异动原因设置

第二节　工资系统业务实验

一、实验准备

工资系统初始设置完毕之后,包括单位信息、人员信息、工资款项及款项公式等设置完毕。

二、实验目的及要求

（1）了解新中大工资统发管理系统的日常业务处理模式。

（2）掌握新中大工资管理系统软件操作方式。

三、工资系统业务流程

（1）人事部门汇总审核各单位人员编制、工资标准等资料数据并提交财政局。

（2）财政局根据核定的工资数据信息，向国库支付中心发出支付申请，并将工资单的电子数据传送至代发银行。

（3）国库支付中心将工资款项划走支付流程转至代发银行。

工资系统业务流程如图 8 - 14 所示。

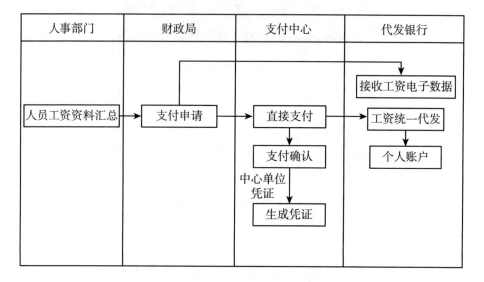

图 8 - 14 工资系统业务流程

四、实验案例数据

实验案例相关信息如表 8 - 1 至表 8 - 3 所示。

表 8 - 1 实验单位信息

单位编码	单位名称	是否末级	代发银行	银行账号
12	商业局	否		
1200	商业局（本级）	否		
120001	商业局（本部）	是	工商银行	123456789

表 8 – 2   实验人员信息

姓名	人员性质	所属经费代码	身份证号码	性别	进单位日期	人员变动原因
张虹	正式工	01 职工福利费	330100 ××××××××××××	女	2005.04.03	入职
张云	正式工	01 职工福利费	330103 ××××××××××××	男	2003.09.05	入职
柳尊	正式工	01 职工福利费	330105 ××××××××××××	男	2002.09.25	调动
杨铁	临时工	01 职工福利费	360104 ××××××××××××	男	2009.01.01	入职
李渔	正式工	01 职工福利费	340103 ××××××××××××	男	2001.05.11	入职

表 8 – 3   实验单位人员工资信息

姓名	基本工资	级别工资	职务工资	住房补贴	福利补贴	岗位津贴
张虹	1000	1000	300	200	100	200
张云	1000	1200	200	200	100	
柳尊	1000	1000	200	200	100	
杨铁	1000	800	200			50
李渔	1000	1000	200	200	100	250

五、实验操作指导

1. 单位资料录入

进入"录入修改"→"单位资料修改",点击"增加"按钮,按照编码规则的要求输入自己单位的代码、名称等信息,点击"保存"(见图 8 – 15)。

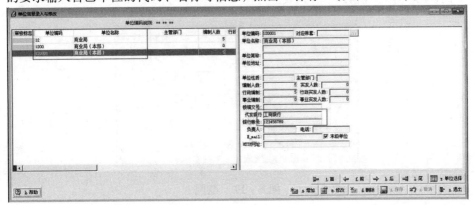

图 8 – 15 单位信息录入

2. 人员资料录入

进入"录入修改"→"人员信息窗口",点击"增加",在信息窗口中填上姓名、人员性质、所属编制、部门、所属经费代码、性别、进本单位日期、人员变动原因等信息,点击"保存"(见图 8 – 16)。

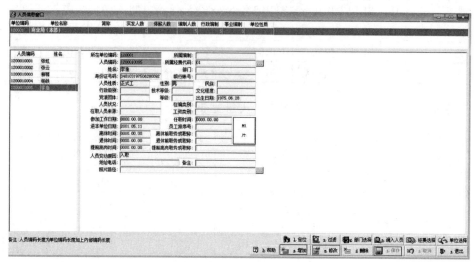

图 8 – 16 人员信息录入

3. 工资信息录入

进入"录入修改"→"录入人员银行账号",系统弹出范围对话框(见图 8 – 17),点击" ▢ "选择单位代码"120001"商业局(本部),点击"确认",系统弹出商业局(本部)信用卡号列表。

图 8 – 17 范围

在信用卡号列表中填入单位开户行的账号，在"工商银行"中输入卡号，点击"确认"完成保存（见图8-18）。

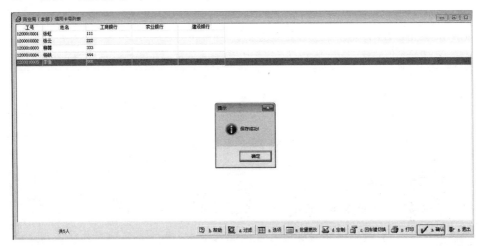

图8-18 信用卡列表

4. 考勤录入

进入"录入修改"→"考勤录入"，系统弹出"单位选择"对话框（见图8-19），选中"120001 商业局（本部）"，点击"确认"，系统弹出商业局（本部）考勤录入窗口（见图8-20）。录入员工的考勤情况：张虹，病假2天；张云，休假1天，迟到25分钟。点击"确认"保存并退出。

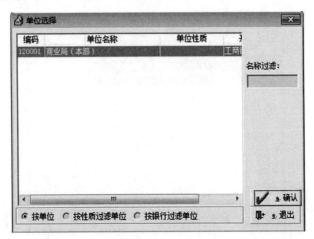

图8-19 单位选择

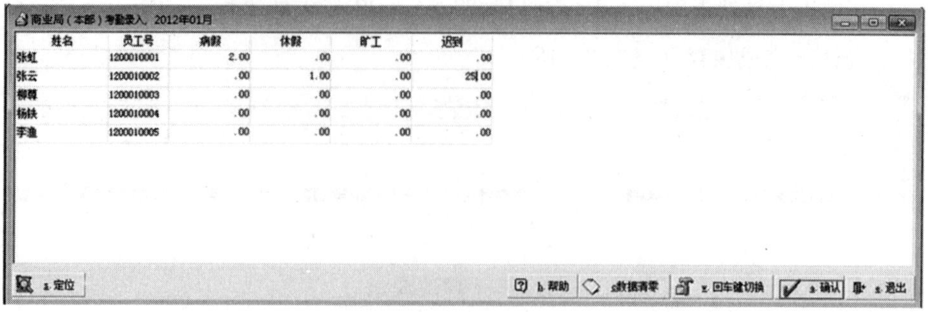

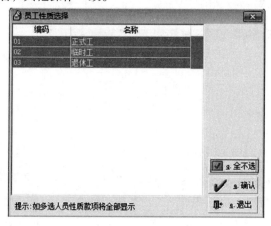

图 8 – 20　考勤录入

5. 工资数据录入

系统提供几种录入数据的方式：按员工逐页录入（按部门逐页录入、按员工类型逐页录入）；按款项连续录入（直接连续录入、按部门连续录入、按员工类型连续录入）。

下面以"按款项连续录入"→"直接连续录入"为例录入工资。

进入"录入修改"→"工资录入"，系统弹出"员工性质选择"窗口（见图 8 – 21），点击"全选"按钮，然后点击"确认"，系统弹出"人员工资录入"窗口（见图 8 – 22）。在人员工资录入窗口中，按照实验资料进行录入工作。直接在相应的工资款项中录入数据，然后点击"保存"，下一个人员工资录入前需选中左上角人员姓名，其他操作一致。

图 8 – 21　员工性质选择

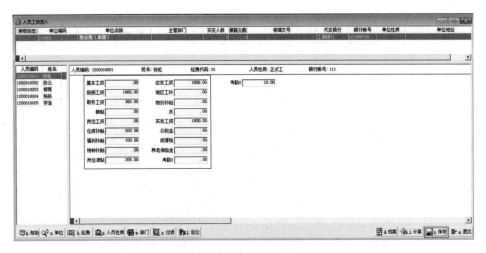

图 8 – 22 人员工资录入

6. 集中计算

进入"录入修改"→"集中计算选项"（见图 8 – 23），点击"确认"即可计算，而后到工资列表中可查询当月工资。

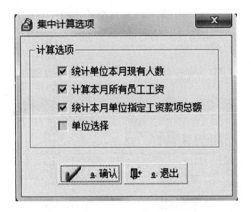

图 8 – 23 集中计算选项

7. 工资月结

"月结"是为了结清本月数据，将系统切换至下一个月。在月结过程中本系统主要做以下三项工作。

（1）自动将本月的员工信息、工资款项结构、工资金额数据等复制到下一个月，形成下一月份的数据。

（2）生成转账凭证。

（3）如果本月为12月份，那么月结后将自动生成下一年的数据库，并将当前月份指为1，以后的操作都将对下一年进行。

进入"月结"→"月结"，系统弹出"数据备份"对话框，点击"不备份"，系统弹出"提示"对话框，因为上步操作已经完成了集中计算步骤，所以此处点击"否"，系统弹出新的"提示"对话框（见图8-24），点击"是"，系统自动计算直至弹出"已完成月结！"，最后点击"确定"退出。

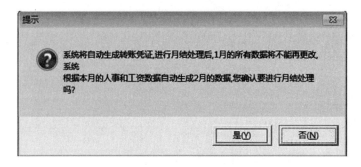

图8-24 月结提示

8. 员工工资列表查询

选择相应的查询范围，点击"确认"便可查询（见图8-25）。

图8-25 条件筛选

进入"查询打印"→"工资明细表"（见图 8 – 25），选择相应的查询范围，
点击"确认"，即可查询（见图 8 – 26）。

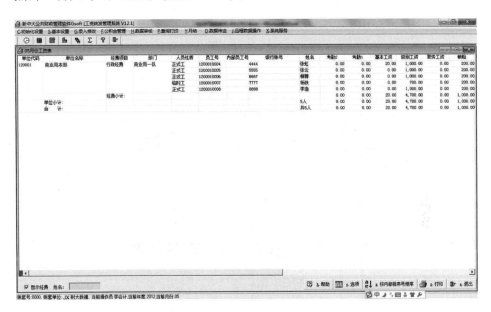

图 8 – 26 工资明细表

第九章

资产管理实验

第一节　国有资产管理流程

资产管理系统为用户提供资产管理所需要的各种功能，如建立资产卡片、输入并记录资产变动情况、生成所需的各种类型的账表。此外，在资产进行增减变动之后，能根据需要生成自动转账凭证，实现了资产系统与核算系统之间的无缝链接。主要功能包括：资产卡片管理、资产变动管理、闲置资产处理、资产集中管理、资产查询报告。

一、实验准备

资产管理系统在进行日常业务管理前，要求就资产分类、属性格式、卡片格式、业务、单位和部门等基础数据进行整理规划，只有当这些基础数据整理并定义后，系统才能真正地对资产日常业务的方方面面进行管理。

二、实验目的及要求

通过实验操作，完成新增资产业务处理、资产调拨业务处理、资产变动业务处理、闲置资产管理、资产清查等资产管理操作。

三、资产管理流程

1. 新增资产

（1）下级单位向主管单位申请有关单位资产购买业务。

（2）主管单位汇总各下级单位资产情况，向财政局提出汇总后的资产购买业务申请。

（3）财政局国资部门对资产新增审核。

（4）国库支付中心将新购资产纳入政府采购并走直接支付流程。

新增资产业务流程如图9-1所示。

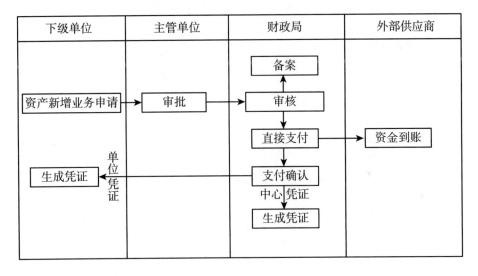

图9-1　新增资产业务流程

2. 资产调拨

（1）下级单位一向主管单位申请有关单位资产调拨业务。

（2）主管单位汇总各下级单位资产情况，向财政局提出汇总后的资产调拨业务申请。

（3）财政局国资部门对资产调拨进行审核。

（4）下级单位二在进行资产变动调拨确认后会计才会进行会计确认。

资产调拨流程如图9-2所示。

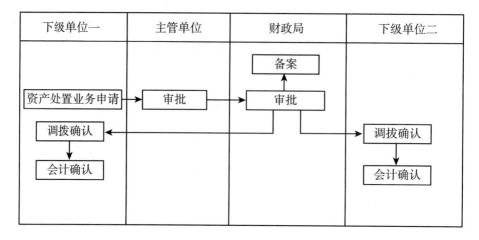

图 9 - 2   资产调拨流程

3. 资产处置

（1）下级单位向主管单位申请有关本单位资产处置业务。

（2）主管单位汇总各下级单位资产情况后，向财政局提出相应资产处置业务申请。

（3）财政局国资部门对资产处置进行审核。

（4）下级单位在进行资产变动处置确认后，会计再进行会计确认。

资产处置流程如图 9 - 3 所示。

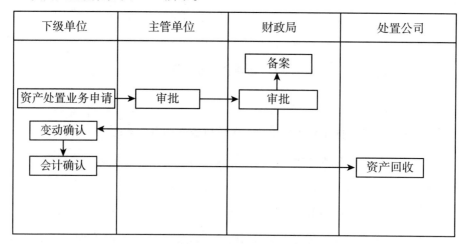

图 9 - 3   资产处置流程

第二节　国有资产管理实验

一、实验案例数据

【例 9 – 1】商业局（本部）新建商业局办公综合楼一栋。

部门：核算中心

国标码：023000 办公用房

单价：5000000 元

原始金额：5000000 元

当前金额：5000000 元

资产性质：国有

资产状态：在用

资产来源：自建

资金来源：预算内资金

使用年限：50 年

【例 9 – 2】商业局（本部）新购一批 DELL 笔记本电脑。

部门：核算中心

国标码：711199 其他数字电子计算机

数量：5 台

单价：6000 元

原始金额：30000 元

当前金额：30000 元

资产性质：国有

资产状态：在用

资产来源：新购

资金来源：预算内资金

使用年限：5 年

将商业局（本部）代码为"1110010013030006"的笔记本电脑调拨给经办机构（本部）使用。

将商业局（本部）代码为"1110010013030002"的笔记本电脑报废处理。

将商业局（本部）代码为"1110010013030005"的笔记本电脑闲置处理，被经办机构（本部）选中。

盘点商业局（本部）所有资产。

二、实验操作指导

（一）初始化确认操作

首先以 GKK001 王娟的身份登录新中大系统，选择"系统菜单"→"资产管理"→"资产管理"进入软件的资产管理系统。

选择"初始设置"→"选项设置"→"资产库设置"，出现如图 9-4 所示的资产管理系统设置对话框。

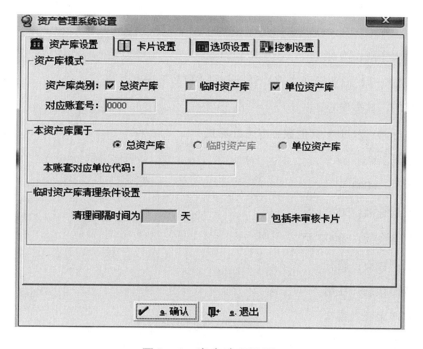

图 9-4　资产选项设置

勾选"总资产"和"单位资产库",选择资产库属性为"总资产库",填写本账套对应单位代码"0000"(教师账套填写"0000",学生账套填写自己对应账套),点击"确认",完成选项设置。

选择"初始设置"→"选项设置"→"初始完成确认",出现如图9-5所示的初始化完成确认对话框。

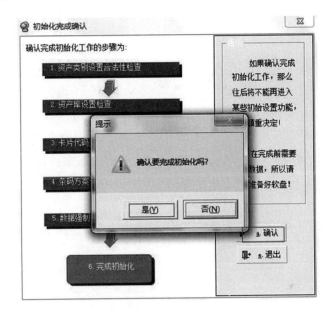

图9-5 初始化完成确认

点击"确认",弹出"提示"窗口,点击"是",在弹出的"数据备份"窗口,点击按钮" 🔍 "选择备份路径,"确认"后等待已完成备份的"提示"对话框出现,点击"确定",弹出"启用月份"窗口,选择"1月",点击"确认"完成资产初始化。

(二)新增资产业务处理

首先以GKK004李猛的身份登录新中大系统,选择"系统菜单"→"资产管理"→"资产管理"进入软件的资产管理系统。

选择"日常业务"→"资产管理"→"新增资产",出现如图9-6所示的"新增卡片筛选"对话框。

图9-6 新增卡片筛选

进行条件筛选后，点击"确认"按钮（也可以不做条件筛选直接点击"确认"）进入新增卡片操作窗口（见图9-7）。

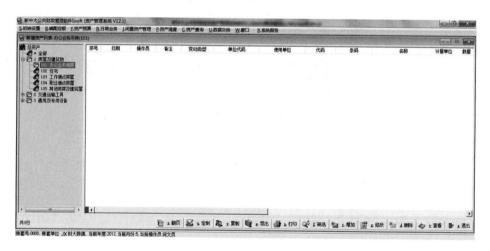

图9-7 新增卡片操作

在如图9-7所示左边窗口先选择新增卡片对应的资产类别，如"101办公业务用房"，然后点击"增加"按钮，出现如图9-8所示对话框。

在商业局办公综合楼信息录入过程中，单位代码选择"111001001商业局（本部）"，部门为"核算中心"，国标码为"办公用房"，名称为"商业局（本部）办公综合楼"，计量单位为"栋"，数量为"1"，单价为"5000000"，原始

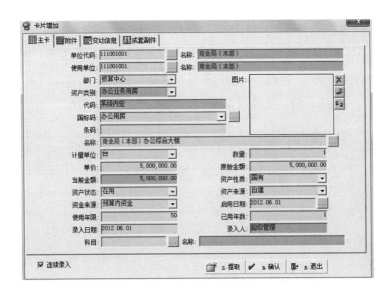

图 9 - 8　卡片新增

金额为"5000000"，当前金额为"5000000"，资产性质为"国有"，资产状态为"在用"，资产来源为"自建"，资金来源为"预算内资金"，使用年限为"50"，最后点击"确认"保存退出。

商业局（本部）购置 5 台笔记本电脑录入过程同上，结果如图 9 - 9 所示。

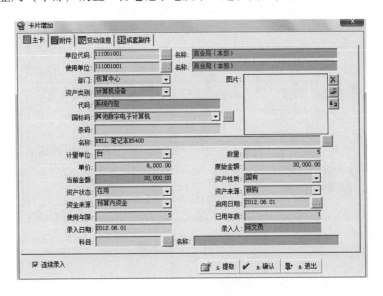

图 9 - 9　新购笔记本

由 GKK001 王娟对录入的新增资产进行变动审批。更换操作员为王娟的身份登录，进入软件的资产管理系统。选择"日常业务"→"审批管理"→"审批管理"→"变动审批"→"审批"，系统弹出查询条件窗口，选择条件后点击"确认"，系统打开待确认的"变动列表—审批"窗口（见图 9 – 10）。

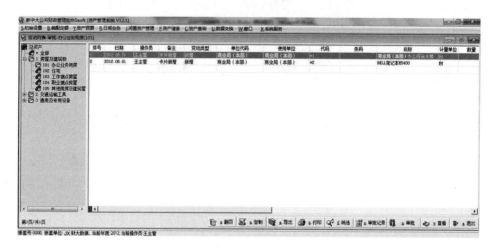

图 9 – 10　变动列表审批

在如图 9 – 10 所示的窗口选中需要变动确认的资产，点击"审批"，系统将自动弹出审批意见对话框（见图 9 – 11），填写"审批意见"后点击"确认"，开始审批下一条记录。

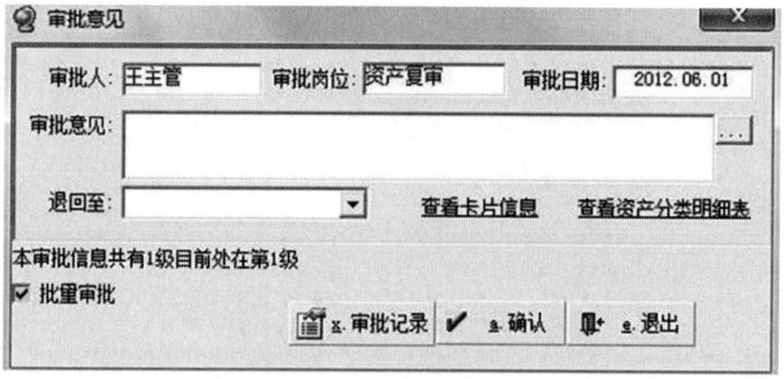

图 9 – 11　审批意见

由 GKK002 张玉对录入的新增资产进行变动确认。更换操作员为张玉的身份登录，进入软件的资产管理系统。选择"日常业务"→"变动确认"，系统弹出条件筛选窗口，选择条件后点击"确认"，系统打开待确认的"变动列表"窗口（见图9-12）。

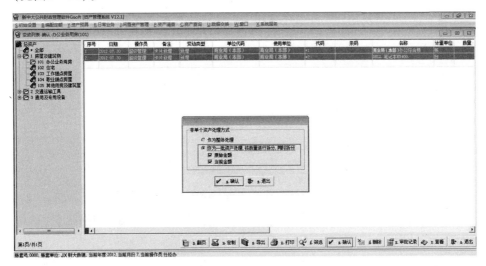

图9-12　变动确认

在如图9-12所示的窗口选中需要变动确认的资产，点击"确认"，系统将自动弹出消息窗（见图9-13），提示"处理成功"，点击"关闭"，开始确认下一条记录。

图9-13　变动确认消息窗

（三）资产调拨处理

首先以 GKK004 李猛的身份登录新中大系统，选择"系统菜单"→"资产管理"→"资产管理"进入软件的资产管理系统。

选择"日常业务"→"资产管理"→"资产调拨"，出现如图 9 – 14 所示的"查询条件"对话框。

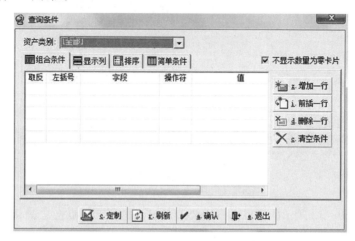

图 9 – 14　查询条件

在如图 9 – 14 所示的对话框进行条件筛选后，点击"确认"按钮（也可以不做条件筛选直接点击"确认"）进入资产调拨操作的主界面窗口（见图 9 – 15）。

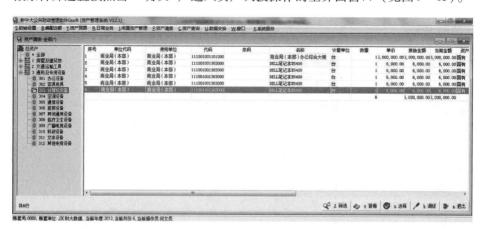

图 9 – 15　资产调拨

选中需要调拨的资产卡片（如最后一条，代码为1110010013030006），点击"调拨"，弹出"卡片调拨批处理"对话框（见图9-16）。

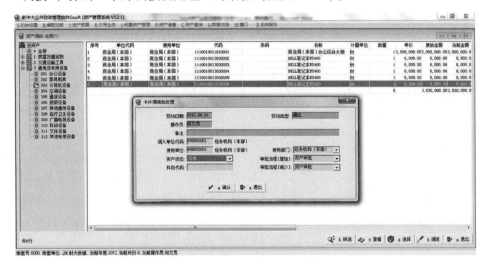

图9-16　卡片调拨批处理

在录入过程，选择调入单位代码"999002001 经办机构（本部）"，使用单位为"999002001 经办机构（本部）"，使用部门为"经办机构（本部）"，资产状态为"在用"，审批流程（增加）选择"资产审批"，审批流程（减少）选择"资产审批"，点击"确认"，弹出如图9-17所示的消息窗，点击"确认"，保存后退出。

图9-17　调拨消息

由 GKK001 王娟对录入的新增资产进行变动审批。更换操作员为王娟的身份登录，进入软件的资产管理系统。选择"日常业务"→"审批管理"→"审批管理"→"变动审批"→"审批"，系统弹出查询条件窗口，选择条件后点击"确认"，系统打开待确认的"变动列表—审批"窗口（见图 9-18）。

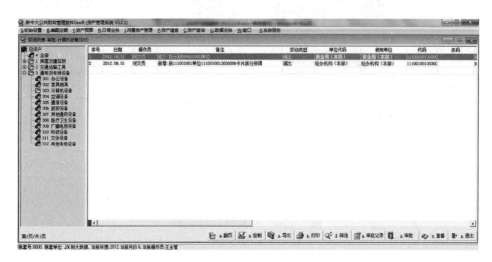

图 9-18 变动列表—审批

在如图 9-18 所示的窗口选中需要变动确认的资产，点击"审批"，系统将自动弹出审批意见对话框（见图 9-19），填写"审批意见"后点击"确认"，开始审批下一条记录。

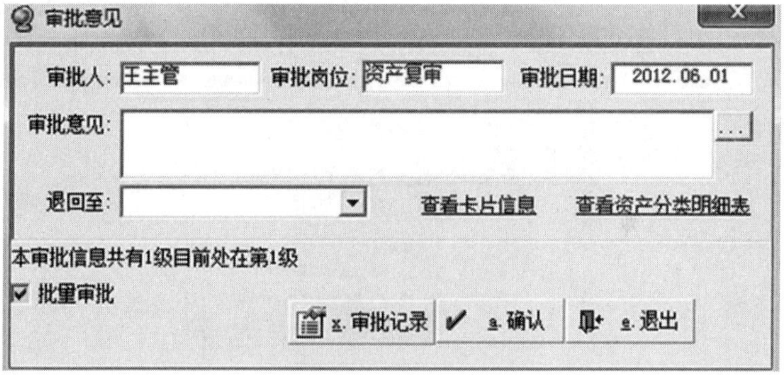

图 9-19 审批意见

由 GKK002 张玉对录入的调拨资产进行变动确认。更换操作员为张玉的身份登录，进入软件的资产管理系统。选择"日常业务"→"变动确认"，系统弹出条件筛选窗口，选择条件后点击"确认"，系统打开待确认的"变动列表"窗口（见图9-20）。

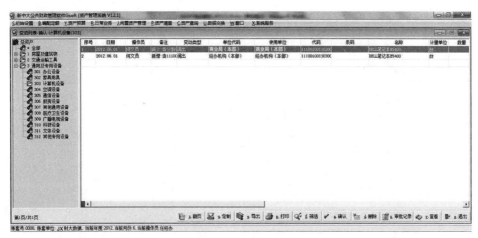

图9-20 变动确认

在如图9-20所示的窗口选中需要变动确认的资产，点击"确认"，系统将自动弹出消息窗（见图9-21），提示"处理成功"，点击关闭，开始确认下一条记录。

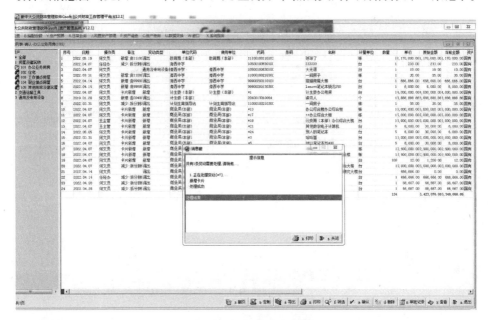

图9-21 变动确认消息窗

（四）资产变动业务处理

首先以 GKK004 李猛的身份登录新中大系统，选择"系统菜单"→"资产管理"→"资产管理"进入软件的资产管理系统。

选择"日常业务"菜单→"资产管理"→"资产变动"，出现如图 9 - 22 所示的"查询条件"对话框。

图 9 - 22　查询条件

在如图 9 - 22 所示的对话框进行条件筛选后，点击"确认"按钮（也可以不做条件筛选直接点击"确认"），进入资产列表主界面窗口（见图 9 - 23）。

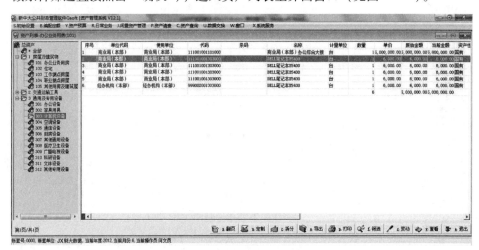

图 9 - 23　资产列表

选中需要报废的资产卡片（如第二条，代码为 1110010013030002），点击
"变动"，弹出"变动类型选择"，选中"报废"，点击"确认"，弹出"卡片变
动—计算机设备报废"对话框（见图 9 – 24）。

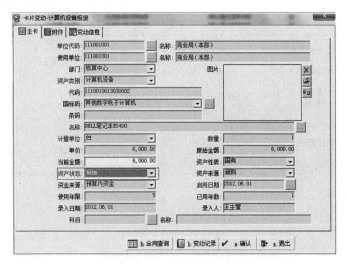

图 9 – 24　变动类型选择

如图 9 – 24 所示，资产报废过程选择资产状态为"报废"，点击"确认"。

由 GKK001 王娟对录入的报废资产进行变动审批。更换操作员为王娟的身份
登录，进入软件的资产管理系统。选择"日常业务"→"审批管理"→"审批管
理"→"变动审批"→"审批"，系统弹出查询条件窗口，选择条件后点击"确
认"，系统打开待确认的"变动列表—审批"窗口（见图 9 – 25）。

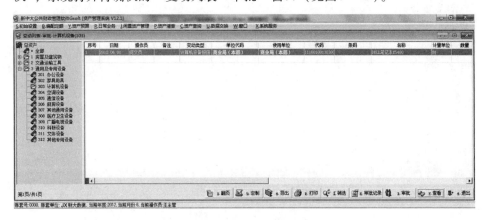

图 9 – 25　变动列表—审批

在如图9－25所示的窗口选中需要变动确认的资产，点击"审批"，系统将自动弹出审批意见对话框（见图9－26），填写"审批意见"后点击"确认"，开始审批下一条记录。

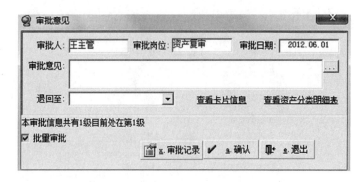

图9－26 审批意见

由GKK002张玉对录入的报废资产进行变动确认。更换操作员为张玉的身份登录，进入软件的资产管理系统。选择"日常业务"→"变动确认"，系统弹出条件筛选窗口，选择条件后点击"确认"，系统打开待确认的"变动列表"窗口（见图9－27）。

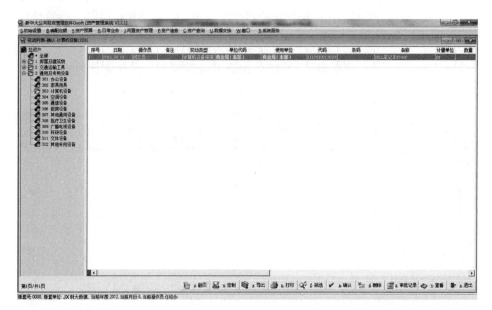

图9－27 变动确认

在如图9-27所示的窗口选中需要变动确认的资产,点击"确认",系统将自动弹出消息窗(见图9-28),提示"处理成功",点击"关闭",开始确认下一条记录。

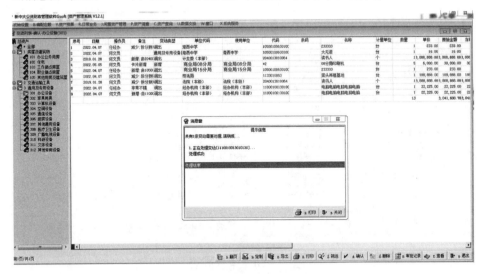

图9-28 变动确认消息窗

（五）闲置资产管理

首先以GKK004李猛的身份登录新中大系统,选择"系统菜单"→"资产管理"→"资产管理"进入软件的资产管理系统。

选择"闲置资产管理"→"提供方",出现如图9-29所示的"查询条件"对话框。

图9-29 查询条件

进行条件筛选后，点击"确认"按钮（也可以不做条件筛选直接点击"确认"），进入"卡片列表"窗口（见图9-30）。

图9-30 卡片列表

资产空闲设置。选中如图9-30所示窗口左侧的"303计算机设备"，再选中需要闲置的资产（如第一条，代码为1110010013030002），点击"设置"，选中"置为空闲"，弹出如图9-31所示的对话框，填写意见，点击"确认"，保存退出。

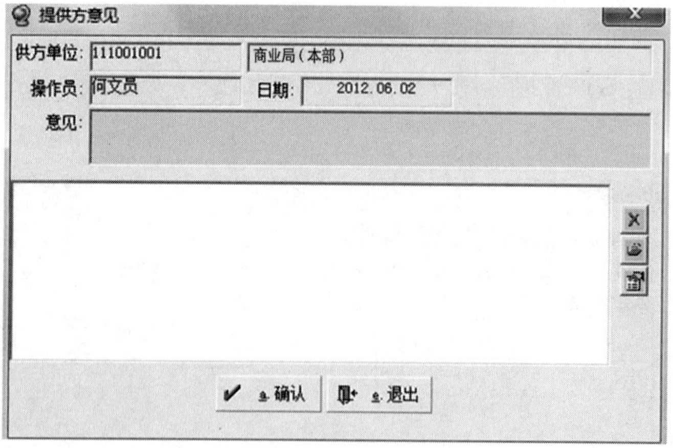

图9-31 提供方意见

以GKK003肖雪的身份登录新中大系统，选择"系统菜单"→"资产管理"→"资产管理"进入软件的资产管理系统。

选择"闲置资产管理"→"需求方",出现如图9-32所示的"查询条件"对话框。

图9-32 查询条件

在如图9-32所示的对话框进行条件筛选后,点击"确认"按钮(也可以不做筛选直接点击"确认"),进入"卡片列表"窗口(见图9-33)。

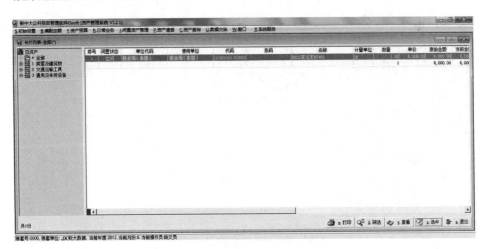

图9-33 卡片列表

资产需求设置。选中如图9-30所示窗口左侧的"303计算机设备",再选中需求的空闲资产(如代码为1110010013030002),点击"选中",弹出如图9-34

所示的对话框。选择需求单位"999002001 经办机构（本部）"，填写需求方意
见，点击"确认"，保存退出。

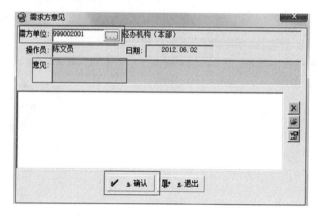

图 9 - 34　提供方意见

由 GKK002 张玉对处置的闲置资产进行处置确认。更换操作员为张玉的身份
登录系统后，进入软件的资产管理系统。选择"闲置资产管理"→"处置确认"，
系统弹出查询条件窗口，选择条件后点击"确认"，系统打开待确认的"卡片列
表—全部"窗口（见图 9 - 35）。

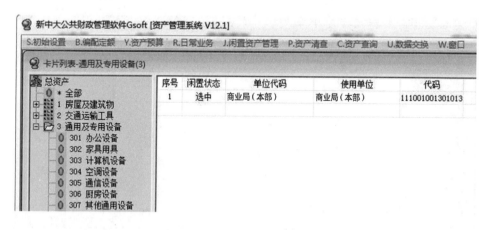

图 9 - 35　闲置资产处置确认

闲置资产处置确认过程。选中如图 9 - 35 所示窗口的"303 计算机设备"，
选择右侧需要确认的资产，点击"确认"，系统弹出"卡片调拨批处理"对话
框（见图 9 - 36）。

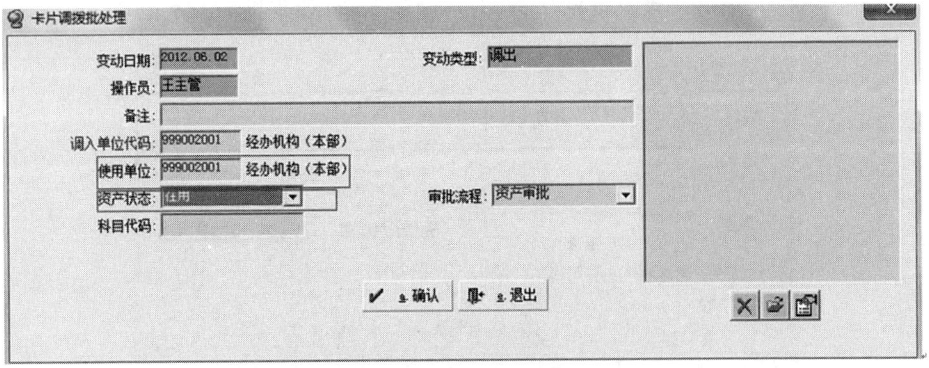

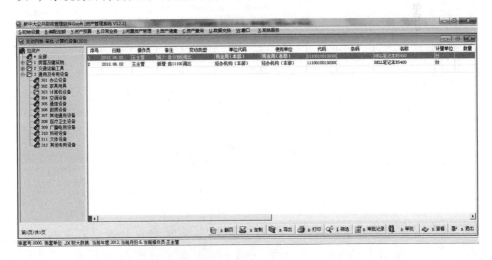

图 9 - 36 卡片调拨批处理

调拨批处理过程。选择使用单位"999002001 经办机构（本部）"，资产状态为"在用"，审批流程为"资产审批"，点击"确认"，系统弹出消息及提示窗口，点击"确定"。

由 GKK001 王娟对录入的闲置资产进行调拨审批。更换操作员为王娟的身份登录，进入软件的资产管理系统。选择"日常业务"→"审批管理"→"审批管理"→"变动审批"→"审批"，系统弹出查询条件窗口，选择条件后点击"确认"，系统打开待确认的"变动列表—审批"窗口（见图 9 - 37）。

图 9 - 37 变动列表—审批

选中需要变动确认的资产，点击"审批"，系统将自动弹出审批意见对话框

（见图9-38），填写"审批意见"，点击"确认"，开始审批下一条记录。

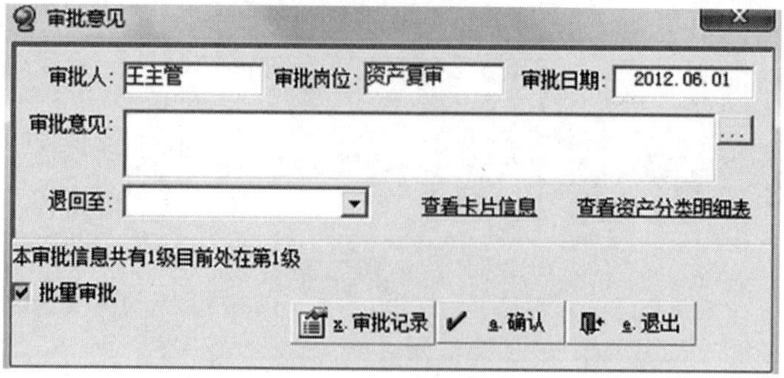

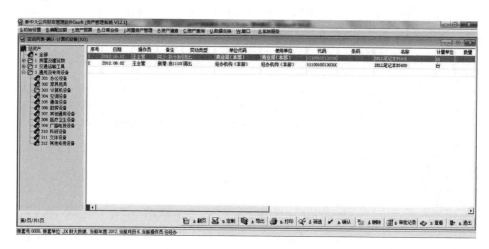

图9-38 审批意见

由GKK002张玉对录入的闲置资产进行变动确认。更换操作员为张玉的身份登录，进入软件的资产管理系统。选择"日常业务"→"变动确认"，系统弹出条件筛选窗口，选择条件后点击"确认"，系统打开待确认的"变动列表"窗口（见图9-39）。

图9-39 变动确认

选中需要变动确认的资产，点击"确认"，系统将自动弹出消息窗（见图9-40），提示"处理成功"，点击"关闭"，开始确认下一条记录。

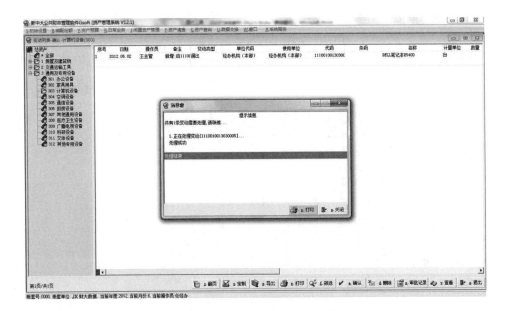

图 9 - 40　变动确认消息窗

（六）资产清查管理

首先以 GKK004 李猛的身份登录新中大系统，选择"系统菜单"→"资产管理"→"资产管理"，进入软件的资产管理系统。

选择"资产清查"→"盘点卡管理"，出现如图 9 - 41 所示的"盘点卡列表"窗口。

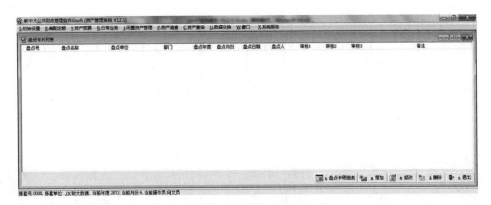

图 9 - 41　盘点卡列表

点击"增加"出现如图 9 - 42 所示的对话框，输入盘点卡名称"商业局（本部）资产盘点"，盘点单位"111001001 商业局（本部）"，点击"确认"，出现如图 9 - 43 所示的窗口。

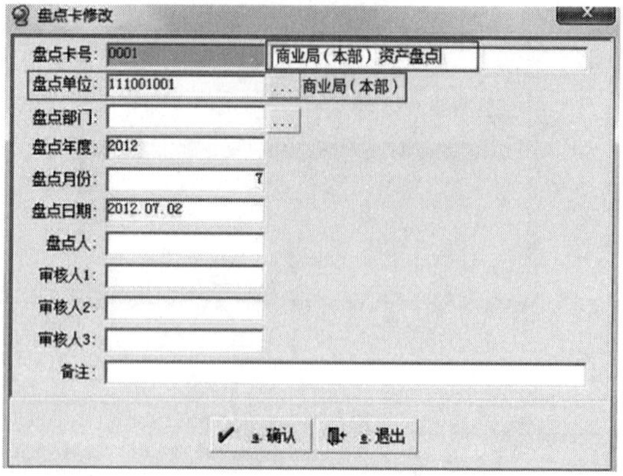

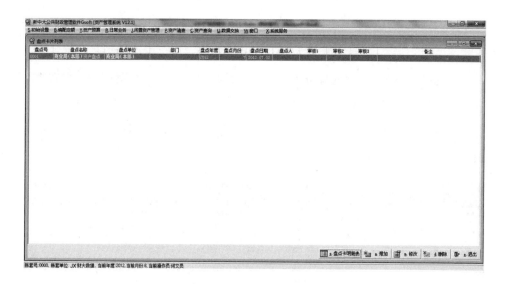

图 9 - 42　盘点新增

图 9 - 43　盘点卡列表

点击"盘点卡明细表"，系统弹出如图 9 - 44 所示的窗口。选择需要盘点的资产类别和资产状态，点击"确认"，完成盘点卡明细操作，系统弹出"盘点卡明细生成成功"，点击"确定"完成。

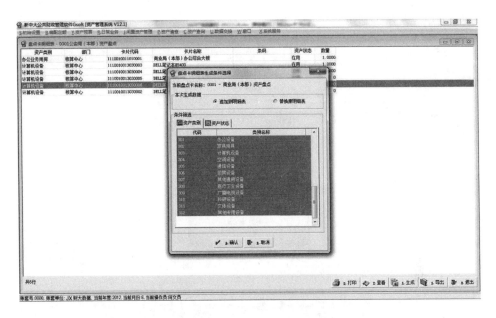

图9-44　盘点卡明细生成

以GKK004李猛的身份进行资产盘点，选择"资产清查"→"资产盘点"，出现如图9-45所示的"资产盘点"窗口。

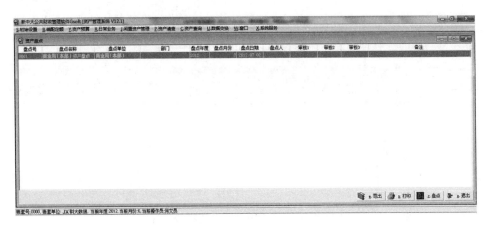

图9-45　资产盘点

点击"盘点"生成如图9-46所示的资产盘点明细，对实物数量进行录入，点击"自动盘点"，弹出"自动盘点条件设置"，在"资产数量=实物数量"前打钩，点击"确认"，此时在资产盘点窗口的盘点结果栏将显示结果，然后点击"保存"退出。

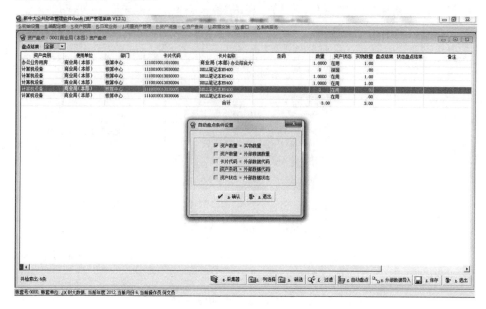

图 9 - 46　资产盘点明细

由 GKK001 王娟对录入的盘点资产进行盘点资产审核。更换操作员为王娟的身份登录，进入软件资产管理系统。选择"资产清查"→"盘点结果审核"，系统打开待确认的"资产盘点卡审核"窗口（见图 9 - 47）。

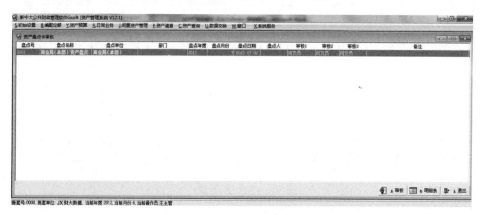

图 9 - 47　资产盘点卡审核

在如图 9 - 47 所示的界面选中需要审核的资产，点击"审核"。系统支持三个不同人员三次审核。

（七）资产查询报表

资产查询报表主要由九大类报表组成，分别为资产列表、变动明细表、分类统计表、变动汇总表、增减明细表、资产报表、资产总分类账、资产明细分类账、增减变动汇总表。其中主要为行政事业单位使用的为资产分类明细表、单位资产明细表、变动明细表等。

1. 资产分类明细表

资产分类明细表主要由左侧的资产类别和右侧对应资产类别的单位资产组成，用户可以根据资产类别的选择，查看该类别所有的资产台账，也可以根据打开时的条件查询窗口选择更加精细的查询结果（见图9－48）。

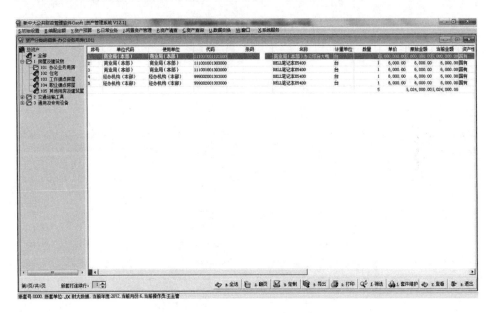

图9－48 资产分类明细表

2. 单位资产明细表

单位资产明细表主要由左侧的资产单位和右侧对应资产单位的单位资产组成，用户可以根据资产单位的选择，查看所有的该单位资产台账，也可以根据打开时的条件查询窗口选择更加精细的查询结果（见图9－49）。

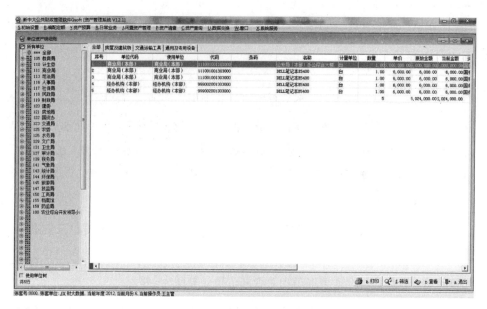

图 9 – 49 单位资产明细表

3. 变动明细表

变动明细表是将所有资产单位变动的情况罗列出来，方便用户查询，也可以根据打开时的条件查询窗口选择更加精细的查询结果（见图 9 – 50）。

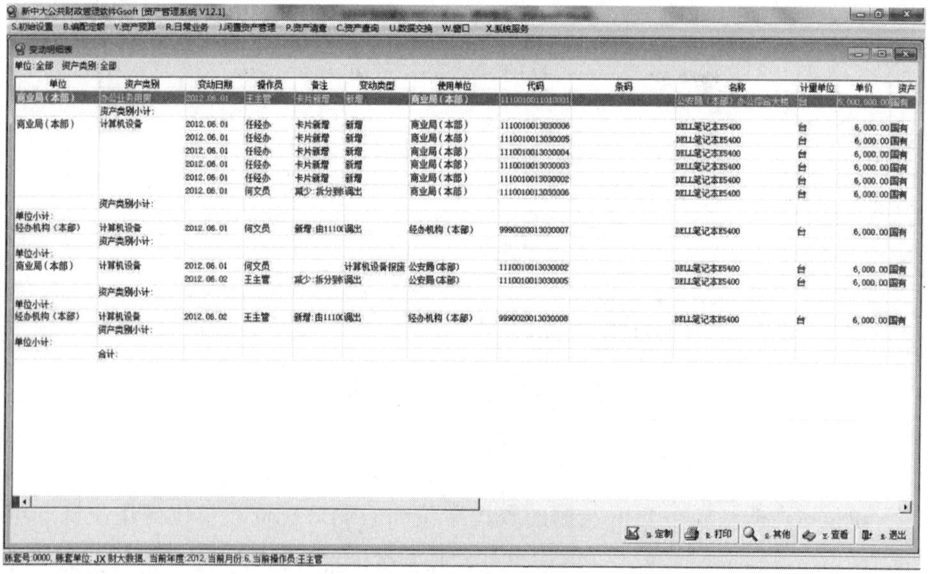

图 9 – 50 变动明细表